Zum Geburtstag!
Von den Geschwistern

2. März 2014

Rezepte aus dem Kräutergarten

Christel Rosenfeld

Rezepte aus dem Kräutergarten

Mit Rezepten und Rezeptfotos von
Tanja und Harry Bischof

Dorling Kindersley

Inhalt

Frische Kräuter für jeden Tag

Ohne Kräuter würden viele unserer Lieblingsgerichte ziemlich langweilig schmecken. Sie bereichern nicht nur Salate, sondern auch kalte Saucen und eingelegtes Gemüse.

Ob *Caprese* mit Tomaten, Mozzarella und Basilikum oder Gurkensalat mit Dill – Kräuter sind gesund und schmecken einfach lecker! Außerdem geben sie warmen Gerichten den letzten Pfiff. Man bekommt sie in jedem gut sortierten Supermarkt oder zieht sie im eigenen Garten, in Töpfen auf der Fensterbank und auf dem Balkon.

Basilikum hat sich mit der italienischen Küche in den 1980ern bei uns endgültig durchgesetzt. Fast in jedem Haushalt steht zumindest ein Topf auf der Fensterbank. Das lichthungrige und wärmeliebende Kraut darf nicht zu stark erhitzt werden, sonst verfliegt das zarte Aroma. Also am besten die grob zerzupften Blättchen erst ganz am Schluss über die fertigen Speisen streuen. »Pesto alla genovese« ist wohl das bekannteste Basilikumrezept: ein Hauch von Süden, der zu Pasta, Saucen, gebratenem Fleisch und Gemüse hervorragend schmeckt.

Estragon kam einst mit den Kreuzrittern nach Mitteleuropa. Die hohe Staude machte in Südosteuropa und in der feinen französischen Küche Karriere. Bekannte Klassiker sind Estragonsenf, Sauce béarnaise und Kaninchen mit Estragon. Das eigenwillige Aroma passt gut zu Zwiebeln und Knoblauch. Die feinen Blättchen können fein gehackt in Salaten und Kräuterquark eingesetzt werden. Sie büßen beim Erhitzen kaum Aroma ein und machen sich deswegen ebenfalls gut in Suppen, zu Fisch und geschmorten Geflügelgerichten.

Dill ist vor allem aus den Küchen der Länder rund um die Ostsee überhaupt nicht wegzudenken – und unverzichtbar bei gebeiztem Lachs oder sauer eingelegtem Gemüse. Die zarten Stängel passen zu Fisch, gekochtem Fleisch, hellen Saucen, Gurkengerichten und Kartoffeln. Dickere Stängel und die Samen können mitgekocht werden, das feine Kraut dagegen verliert beim Erhitzen sofort seinen Eigengeschmack. Der ist sehr kräftig – Dill sollte in Kräutermischungen daher sparsam verwendet werden.

Kerbel gehört zu den ersten Frühlingskräutern. Die fein gefiederten Blättchen des Doldenblütlers werden deswegen traditionell für Ostergerichte und vor allem für die Kerbelsuppe am Gründonnerstag verwendet. Kerbel ist nicht nur unerlässlicher Bestandteil von Kräutersalaten, sondern auch von Kräuterbutter, Frankfurter Grüner Sauce und der Kräutermischung »Fines herbes«. Vom Aussehen her ähnelt er der Petersilie, schmeckt aber pfeffriger und nach Anis. Die Pflanze gedeiht im Topf und mag es gern feucht.

Koriander wurde bis vor etwa zwanzig Jahren in der europäischen Küche vor allem als Samen für Brot- und Lebkuchengewürze eingesetzt. Die Verwendung von Koriandergrün kam bei uns erst durch die asiatische Küche in Mode. Das wärmeliebende Kraut ist in unseren Gärten selten zu finden und kommt deswegen meist aus dem Supermarkt. Fein gehackte Korianderblätter werden erst ganz zum Schluss über die warmen Speisen gestreut. Die groben Stängel muss man aber nicht wegwerfen, sondern kann sie in Suppen mitkochen.

Majoran gehört zu den Standardkräutern der deftigen deutschen Küche. Der robuste Doldenblütler schmeckt frisch am besten, kann jedoch auch gut getrocknet oder eingefroren werden. Sein kräftiges Aroma passt gut zu Speck, Zwiebeln und Knoblauch, weswegen er auch als Bratwurstgewürz Karriere gemacht hat. Schweine- und Gänsebraten, Leberknödel und viele Eintöpfe würden ohne Majoran nur halb so gut schmecken. Auch Bratkartoffeln verpasst er einen besonderen Kick. In Kräutermischungen sollte er nur sparsam eingesetzt werden.

Kresse Wer Kresse sagt, meint damit meist die Gartenkresse, die durch ihre Verwandtschaft mit Rettich und Senf einen leicht scharfen Geschmack besitzt. Kresseblättchen sind Keimlinge aus dem Samen und passen frisch geschnitten zu Salaten, Radieschen, Kräuterquark und aufs Butterbrot. Die Brunnenkresse gehört auch zu den Kreuzblütlern, ist jedoch eine Wasserpflanze. Sie wird vor allem in der anglo-amerikanischen und iberischen Küche verwendet und hat dort ihren Platz in Salaten, Eintöpfen und Suppen.

Minze sprießt überall in Gärten und Töpfen. Von der duftenden Staude gibt es zahllose Unterarten von Ananas- bis Zitronenminze. Die Pfefferminze kennt jedes Kind durch den gleichnamigen Tee. Man verwendet sie außerdem für Limonaden, Cocktails und Quarkspeisen. In unsere Küche kam Minze vermehrt über Rezepte aus dem orientalischen Raum, vorher kannte man sie nur in der englischen Minzsauce zu Lamm. Verwendet werden die frischen Blätter für Joghurtsaucen, Salate und Couscousgerichte.

Oregano gedeiht auf den kargen Felsen der Mittelmeerländer, lässt sich aber auch im eigenen Garten ziehen. Der wilde Verwandte des Majorans verliert beim Trocknen nur wenig von seinem markanten bitter-pfeffrigen Aroma. Oregano ist bekannt als typisches Pizzagewürz und gehört in jede kräftige Tomatensauce. Südosteuropäer verwenden ihn auch für Schmor- und Grillgerichte aus Lamm-, Schweine- oder Kalbfleisch, und in der mexikanischen Küche ist er als Beigabe für pikante Chiligerichte unerlässlich.

Rosmarin liebt die trockene Wärme seiner Mittelmeerheimat und speichert sein Aroma in den 2–3 cm langen Nadeln. Ihn in unseren Breiten zu überwintern ist schwierig – starken Frost mag der immergrüne Halbstrauch nicht. Er passt gut zu kurz gebratenem Fleisch, vor allem zu Lamm, macht sich aber auch in mediterranen Schmorgerichten gut. Mit Tomaten, Auberginen und Bratkartoffeln harmoniert er ebenfalls perfekt. Mit Knoblauch und Olivenöl erhitzt, gibt er sein typisches Aroma an die anderen Zutaten ab.

Petersilie wird zu Unrecht als Allerweltskraut geschmäht, weil sie überall verfügbar ist und in jedem kleinen Töpfchen ihre grünen Blätter hervorbringt. Zum Trocknen eignet sie sich jedoch nicht. Glattblättrige Petersilie hat ein viel kräftigeres Aroma als krause. In der Küche passt sie in fast alle salzigen Gerichte und bildet die Grundlage vieler Kräutermischungen. Die Blättchen werden warmen Speisen erst vor dem Servieren zugegeben, die Stängel können auch mitgekocht oder -geschmort werden.

Salbei ist in Deutschland wegen seiner bakteriziden Wirkung als Heilkraut bekannt. In der Küche entfaltet der mediterrane Halbstrauch sein Aroma bei Lamm-, Schweine- und Entenbraten und bei Aalgerichten. Dort hilft er, das Fett besser zu verdauen. Typisch ist er für viele italienische Gerichte, wie für hausgemachte Gnocchi mit Butter und Salbei oder »Saltimbocca alla romana«. Man verwendet ihn besser frisch oder friert ihn ein. Das getrocknete Kraut schmeckt harzig und eignet sich eher für Tee.

Schnittlauch gibt es in allen Ländern der gemäßigten Klimazonen, und er verträgt im Garten auch Frost. Seine feinen Röllchen schmecken frisch geschnitten am besten. Man kann sie aber auch einfrieren. Getrocknet verliert er sein typisches Aroma. Als Verwandter von Knoblauch und Zwiebel zeichnet er sich durch ein feines Zwiebelaroma aus, das zu Salaten, Suppen und Saucen passt. Quark, Butterbrot, Rühreier, Tomaten und Kartoffeln – alles schmeckt mit frischem Schnittlauch. Zum Erhitzen eignet er sich nicht.

Zitronenmelisse stammt aus dem Vorderen Orient und ist wegen ihres starken Wuchses eher für den Garten als für die Fensterbank geeignet. Dort übersteht die Staude problemlos den Winter. Sie kann im Grunde überall verwendet werden, wo sonst ein Spritzer Zitronensaft den Geschmack abrundet. Das gilt für Salate, Quarkspeisen und Kräutermischungen aller Art. Sie passt zudem gut zu Pilz- und Fischgerichten. Da ihr feines Aroma jedoch schnell verfliegt, sollte sie warmen Speisen erst zum Schluss zugegeben werden.

Thymian bildet als Zwergstrauch kleine feste Blättchen, die im Winter grün bleiben. Neben dem echten Thymian bekommt man häufig Zitronenthymian, eine Kreuzung mit Quendel, die durch einen angenehmen Zitrusduft auffällt. Thymian ist fester Bestandteil des »Bouquet garni«, eines Kräutersträußleins aus Petersilie, Thymian und Lorbeer, das Brühen und Fonds Geschmack verleiht. Er passt zu vielen mediterranen Fleisch- und Gemüsegerichten und findet sich getrocknet in der Würzmischung »Kräuter der Provence«.

Für alle Rezepte gilt: Wenn die Kräuter nicht aus dem eigenen Topf kommen, vorsichtig waschen und trocken schütteln!

Rezepte aus dem
Kräutergarten

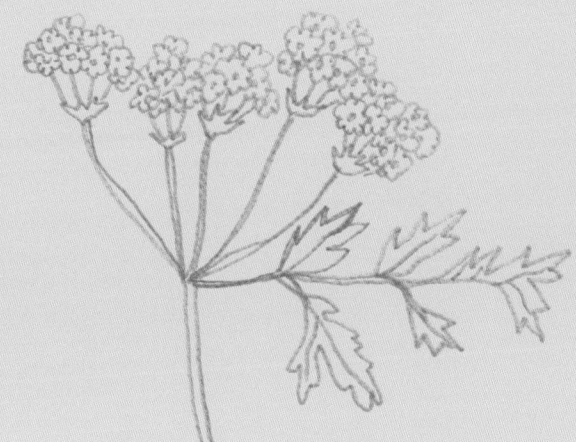

Bärlauch-Crostini

Für 4 Personen als Beilage

80 g	Pinienkerne
100 g	Bärlauch
4 EL	frisch geriebener Parmesan
150 ml	Olivenöl
	Salz
	Pfeffer aus der Mühle
1	Ciabatta
	essbare Blüten (nach Belieben)

Die Pinienkerne ohne Fett in einer Pfanne goldgelb anrösten, so bekommen sie ein feines Aroma. Auf einem großen Schneidebrett die Bärlauchblätter und die Pinienkerne mit dem Wiegemesser sehr fein hacken oder in einem großen Mörser zerreiben.

In eine Schüssel geben und mit dem Parmesan vermengen, dabei nach und nach Olivenöl dazugeben, bis das Pesto eine cremige Konsistenz hat. Mit Salz und Pfeffer würzen.

Das Brot in Scheiben schneiden und auf der mittleren Einschubleiste unter dem Backofengrill goldbraun rösten. Das Bärlauchpesto darauf verteilen. Mit den Blüten, falls verwendet, dekorieren.

Zubereitung • 15 Minuten   **Küchentipp** • Das Pesto ist im Kühlschrank (in einem verschließbaren Glas mit etwas Olivenöl bedeckt) mindestens 2 Wochen haltbar.

Raffiniert wird dieser Snack, wenn man die Salbeiblätter vor dem Frittieren noch mit einer Mischung aus zerdrückten Kapern und Sardellen bestreicht oder geriebenen Parmesan unter das Mehl mIscht.

Frittierte Salbeiblätter

Für 4 Personen

2	Eiweiß
	Salz
	Pfeffer aus der Mühle
1	Zitrone
100 ml	Pflanzenöl
30 g	Weizenmehl
20	große Salbeiblätter
	Salbeiblüten (nach Belieben)

In einer Schüssel die Eiweiße mit dem Schneebesen cremig, aber nicht steif schlagen. Salzen und pfeffern. Die Zitrone auspressen und den Saft unter Schlagen tröpfchenweise unterziehen.

Das Öl in einer Pfanne erhitzen. Das Mehl auf einen Teller geben. Die Salbeiblätter einzeln in den Eischnee tauchen und anschließend in dem Mehl wenden. Im heißen Fett in 2 Minuten knusprig ausbacken. Mit den Salbeiblüten, falls verwendet, dekorieren.

Vorbereitung • 10 Minuten **Zubereitung** • 5 Minuten **Küchentipp** • Frischen Salbei kann man, in Küchenpapier eingeschlagen, 2–3 Tage im Gemüsefach aufbewahren.

Kräuterquark mit Leinöl

½ Bund	Basilikum
½ Bund	glatte Petersilie
½ Bund	Dill
½ Bund	Schnittlauch
1 Beet	Kresse
2	Knoblauchzehen (nach Belieben)
250 g	Quark (20 % Fettgehalt)
100 g	saure Sahne
1 TL	scharfer Senf
2 TL	Leinöl
	Salz
	Pfeffer aus der Mühle

Basilikum- und Petersilienblättchen abzupfen. Alle Kräuter mit dem Wiegemesser auf einem großen Schneidebrett sehr fein hacken. Die Knoblauchzehen, falls verwendet, schälen und fein hacken.

Den Quark mit der sauren Sahne, dem Senf und dem Öl verrühren. Die Kräuter und den Knoblauch untermischen und den Quark mit Salz und Pfeffer pikant abschmecken.

Vorbereitung • 5 Minuten **Zubereitung** • 5 Minuten **Küchentipp** • Statt Leinöl kann ersatzweise auch Kürbiskern-, Distel- oder Olivenöl verwendet werden.

Schnittlauch-Kernöl-Quark

1	Zwiebel
1 EL	Butter
2 EL	Kürbiskerne
250 g	Magerquark
3 EL	Kürbiskernöl
1 Bund	Schnittlauch
	Salz
	Pfeffer aus der Mühle
	Borretschblüten (nach Belieben)

Die Zwiebel schälen und in feine Würfel schneiden. In der Pfanne die Butter erwärmen und darin die Zwiebel bräunen, zuletzt die Kürbiskerne zugeben und ebenfalls etwas anrösten.

Den Quark und das Kürbiskernöl gut miteinander verrühren. Zwiebel und Kürbiskerne untermischen. Mit Salz und Pfeffer abschmecken und mindestens 30 Minuten im Kühlschrank durchziehen lassen. Dann den Schnittlauch in feine Röllchen schneiden und den Quark damit anrichten. Mit den Borretschblüten, falls verwendet, dekorieren.

Vorbereitung • 5 Minuten **Zubereitung** • 10 Minuten + 30 Minuten Kühlzeit **Küchentipp** • Beide Quarkdips schmecken nicht nur auf Brot, sondern passen auch gut zu Pellkartoffeln.

Basilikum-Schafskäse-Creme

150 g	Schafskäse
100 g	Sahne
60 g	Butter
4 EL	frisch geriebener Parmesan
50 g	Pinienkerne
1 Bund	Basilikum
	Pfeffer aus der Mühle

In einer Schüssel den Schafskäse mit einer Gabel zerdrücken und mit der Sahne, der Butter und dem Parmesan verrühren, bis eine sämige Creme entsteht.

In einer Pfanne die Pinienkerne (ohne Fett) leicht anrösten und unter die Creme mischen. Basilikumblätter abzupfen, sehr fein hacken und dazugeben. Mit Pfeffer abschmecken.

Zubereitung • 10 Minuten   **Küchentipp** • Die Butter kann auch durch 2 EL Olivenöl ersetzt werden. Wer mag, gibt noch eine geschälte und durchgepresste Knoblauchzehe an die Creme.

Wenn Gäste zum Brunch kommen, wirkt eine mit Kräutern angerichtete Auswahl an Frischkäse (wie auf der nächsten Seite) ausgesprochen dekorativ.

Kräuterfrischkäse

250 g	Frischkäse
3 EL	Milch
2 EL	frisch geriebener Meerrettich
	Salz
	Pfeffer aus der Mühle
8	Scheiben Vollkorntoast
7 EL	gemischte Kräuter

In einer kleinen Schüssel den Frischkäse mit Milch und frisch geriebenem Meerrettich verrühren. Mit etwas Salz und Pfeffer würzen.

Die Brotscheiben toasten. Mit Frischkäse bestreichen und mit verschiedenen gehackten Kräutern belegen: je nach Saison mit 1 EL Schnittlauch, Dill, Zitronenmelisse, Basilikum, Estragon, Petersilie, Oregano.

Zubereitung • 10 Minuten   **Küchentipp** • Wer will, kann die Toastscheiben noch zusätzlich mit Tomaten- und Gurkenscheiben sowie mit Blüten von Thymian, Schnittlauch und Borretsch belegen.

Schnittlauch-Eier-Salat

Für 4 Personen

4	Eier
½ Bund	Petersilie
	Salz
	Pfeffer aus der Mühle
1 EL	Senf
100 g	Sahne
100 g	saure Sahne
4 Bund	Schnittlauch
1	Knoblauchzehe
1 EL	Weißweinessig

Die Eier etwa 10 Minuten kochen. Kalt abspülen, schälen und halbieren. Aus 2 Eiern das Eigelb herauslösen und das Eiweiß fein würfeln. Petersilienblätter abzupfen und fein hacken.

In einer Schüssel die Eigelbe mit einer Gabel fein zerdrücken. Petersilie, Salz und Pfeffer dazugeben, dann nach und nach Senf, Sahne und saure Sahne unterrühren.

Schnittlauch in feine Röllchen schneiden. Knoblauch schälen und fein hacken. Schnittlauch, gehacktes Eiweiß, Knoblauch und Weißweinessig zur Kräutermarinade geben und gut unterrühren. Mindestens 1 Stunde abgedeckt im Kühlschrank durchziehen lassen. Den Salat mit den restlichen Eierhälften portionsweise in Gläsern anrichten.

Zubereitung • 15 Minuten + 1 Stunde Kühlzeit   **Küchentipp** • Auch Radieschen und Kresse passen gut in diesen Eiersalat.

Petersilien-Tabouleh

Für 4 Personen

200 g	Bulgur (Weizenschrot)
650 ml	Gemüsebrühe
2 Bund	glatte Petersilie
1 Bund	Minze
1	Knoblauchzehe
75 ml	Zitronensaft
100 ml	Olivenöl
12	Kirschtomaten
1 Bund	Frühlingszwicbcln
½	Salatgurke
	Meersalz
	Pfeffer aus der Mühle

Den Bulgur in ein Sieb geben und mit kaltem Wasser abspülen. Mit der Gemüsebrühe in einen Topf geben und etwa 7 Minuten bei niedriger Hitze ohne Deckel kochen lassen.

Die Petersilien- und Minzblätter abzupfen und fein hacken. Einige Minzeblätter zum Dekorieren zurückbehalten. Knoblauch schälen und fein würfeln. Den gegarten Bulgur in ein Sieb gießen und abtropfen lassen. In einer Schüssel Bulgur, Zitronensaft, Öl, Knoblauch und die gehackten Kräuter gut mischen und etwa 1 Stunde durchziehen lassen.

Tomaten halbieren, Frühlingszwiebeln in Ringe schneiden. Die Gurke schälen, längs vierteln, die Kerne entfernen, dann in kleine Stücke schneiden. Das Gemüse erst kurz vor dem Servieren unter den Bulgur mischen. Mit Salz und Pfeffer abschmecken und mit den Minzeblättern bestreuen.

Zubereitung • 25 Minuten + 1 Stunde Kühlzeit   **Küchentipp** • Das beliebte libanesische Gericht schmeckt als Sommersalat und zu Gegrilltem.

Kräutervinaigrette

2	Schalotten
½ Beet	Kresse
3 Stängel	Kerbel
4 Blätter	Sauerampfer
5 Stängel	glatte Petersilie
2 Stängel	Estragon
8 EL	Olivenöl
2-3 EL	Zitronensaft
	Salz
	Pfeffer aus der Mühle

Schalotten schälen und sehr fein würfeln. In ein Sieb geben, mit kochendem Wasser übergießen und gut abtropfen lassen. Kresse vom Beet schneiden. Die Blätter der übrigen Kräuter von den Stängeln zupfen und fein hacken.

Das Olivenöl mit dem Zitronensaft verrühren, mit Schalotten und Kräutern mischen, mit Salz und Pfeffer abschmecken.

Zubereitung • 10 Minuten   **Küchentipp** • Salatsaucen kann man auch gut in einem Marmeladenglas mixen – mit dem Deckel fest verschließen und gründlich schütteln.

Korianderdressing

125 g	Naturjoghurt
4 EL	Olivenöl
1	sehr reife Avocado
1	Bio-Limette
1	Knoblauchzehe
	Salz
	Pfeffer aus der Mühle
½ Bund	Koriander

In einer Schüssel den Joghurt mit dem Olivenöl verrühren. Avocado halbieren, den Kern entfernen, mit einem Teelöffel das Fruchtfleisch herauslösen und ebenfalls zum Dressing geben. Etwas Schale von der Limette hineinreiben, diese dann auspressen und den Saft unterrühren. Die Knoblauchzehe schälen und hineinpressen, mit Salz und Pfeffer würzen.

Die Korianderblättchen abzupfen und zufügen, dann das Dressing mit dem Stabmixer pürieren.

Zubereitung • 10 Minuten   **Küchentipp** • Das Korianderdressing passt gut zu robusten Blattsalaten wie Chicorée und Radicchio, schmeckt aber auch als Dip zu gebratenem Hähnchen.

Joghurt-Kräuter-Dressing

100 g	griechischer Joghurt
2 EL	Olivenöl
1 EL	Weißweinessig
1 TL	Senf
	Salz
	Pfeffer aus der Mühle
3 Stängel	glatte Petersilie
3 Stängel	Basilikum
½ Bund	Schnittlauch

Joghurt, Olivenöl, Essig und Senf zu einem Dressing verrühren und mit Salz und Pfeffer abschmecken.

Die Kräuterblättchen abzupfen und fein hacken, den Schnittlauch in feine Röllchen schneiden, zum Dressing geben und vermengen.

Zubereitung • 10 Minuten   **Küchentipp** • Das Joghurt-Kräuter-Dressing passt am besten zu Blattsalaten.

Tomaten-Basilikum-Vinaigrette

250 g	sehr reife Tomaten
1	Knoblauchzehe
1	Schalotte
3 EL	Olivenöl
1 EL	Sherryessig
1 EL	Balsamicoessig
	Salz
	Pfeffer aus der Mühle
½ Bund	Basilikum

Tomaten-Vinaigrette verleiht selbst einfachem grünem Salat Würze und Frische.

Die Tomaten auf der Unterseite mit einem scharfen Küchenmesser kreuzweise einritzen und den Stielansatz entfernen. In kochendem Wasser 30 Sekunden blanchieren, dann mit der Schaumkelle herausnehmen und in eine Schüssel mit kaltem Wasser geben, so lassen sie sich ganz leicht häuten. Die Knoblauchzehe und die Schalotte schälen und fein würfeln. Die Tomaten ebenfalls fein würfeln.

Olivenöl und beide Essigsorten mischen, mit Salz und Pfeffer würzen. Tomaten-, Knoblauch- und Schalottenwürfel untermischen. Basilikumblättchen abzupfen, fein hacken und untermischen.

Vorbereitung • 10 Minuten   **Zubereitung** • 15 Minuten   **Küchentipp** • Wer feine Tomatenwürfel in die Vinaigrette gibt, benötigt weniger Öl und spart so Kalorien.

In der Wiese und am Weg – Wildkräuter

›Unkraut‹ ist wieder in Mode! Wichtig ist es, beim Sammeln und Pflücken außerhalb des Gartens auf eine möglichst belastungsarme Umgebung zu achten. Also keinen Löwenzahn vom Grünstreifen neben der Straße pflücken. Lieber eine Landpartie machen und weit weg von menschlichen Ansiedlungen sammeln.

Bärlauch hat mit dem Bärlauchpesto seinen Siegeszug durch unsere Küchen angetreten. Er sollte wegen der Verwechslungsgefahr mit giftigen Pflanzen und wegen des Fuchsbandwurms nur aus dem eigenen Garten verwendet oder auf dem Markt gekauft werden. Die jungen Blättchen der *Brennnessel* passen zu Salat und Spinat. *Giersch* ist sehr vitaminhaltig und wurde bereits im Mittelalter wie Spinat zubereitet. Die ganz jungen Blättchen eignen sich auch für Salate und Kräutersaucen. Die jungen Blätter des *Löwenzahns* sind das erste Grün, das im Frühjahr auf den Wiesen zu finden ist. Sie eignen sich als Beigabe zu Wildkräutersalaten, Saucen, Kräuterquarks und Kräutersuppen. *Sauerampfer* schmeckt tatsächlich sauer. Außer für Salat und die traditionelle Frankfurter Grüne Sauce eignet er sich als Beigabe zu ›grünen‹ Suppen und anderen Blattgemüsen. Die *Schafgarbe* ist eher ein Heil- als ein Würzkraut. Ihre jungen Blättchen sind jedoch in kleiner Menge eine willkommene Beigabe für Wildkräutersalate. Die *Tripmadam* oder *Fetthenne* gehörte jahrhundertelang zur Grundausstattung jeder Küche und zu den traditionellen Aalkräutern. Die länglichen Blätter werden für Salate und Saucen verwendet und passen gut zu Butterkartoffeln und Gurken.

Kräutersalat mit Blüten

Für 4 Personen

2 Handvoll	gemischte Blattsalate (Endivie, Kopfsalat, Eichblattsalat)
1 Handvoll	Gartenkräuter (Rucola, Schnittlauch, Brunnenkresse, Portulak, Vogelmiere)
2	Radieschen
3	Frühlingszwiebeln
2 EL	Sprossen (Alfalfa und Mungo)
2 EL	Himbeeressig
4 EL	Olivenöl
	Salz
	Pfeffer aus der Mühle
	Gänseblümchen, Veilchen oder andere essbare Blüten (nach Belieben)

Den Salat mit den Kräutern auf einem großen Teller anrichten. Radieschen in Scheiben schneiden, Frühlingszwiebeln in feine Röllchen. Mit den Sprossen zum Salat geben.

Himbeeressig, Olivenöl, Salz und Pfeffer zu einer Vinaigrette anrühren und über den Salat träufeln. Mit den Blüten, falls verwendet, dekorieren.

Zubereitung • 15 Minuten **Küchentipp** • Auch andere essbare Blüten passen zu Blattsalaten (siehe Seite 41).

Kräutersalat mit Ziegenkäse

Für 4 Personen

1 Bund	Rucola
1 Bund	glatte Petersilie
1 Bund	Kerbel
1 Bund	Zitronenmelisse
1 Bund	Dill
1 Bund	Schnittlauch
1 Bund	Frühlingszwiebeln
½	Bio-Zitrone
3	Knoblauchzehen
2 EL	Apfelessig
5 EL	Olivenöl
	Salz
	Pfeffer aus der Mühle
200 g	Ziegenfrischkäse von der Rolle
4 Scheiben	Toastbrot

Für den Salat die Kräuter von den Stängeln zupfen und grob hacken. Die Frühlingszwiebeln in feine Ringe schneiden.

Mit dem Sparschäler etwas Zitronenschale dünn abschälen und in feine Streifen schneiden. Die Knoblauchzehen schälen und durchpressen. Apfelessig, Olivenöl, Knoblauch, Zitronenschale, Salz und Pfeffer zu einer Vinaigrette verrühren.

Den Ziegenkäse in acht Scheiben schneiden, die Toastscheiben diagonal halbieren. Den Ziegenkäse darauf verteilen und unter dem Backofengrill kurz bräunen. Den Salat auf Tellern anrichten, mit der Vinaigrette beträufeln, die Ziegenkäsetoasts darauf platzieren und sofort servieren.

Vorbereitung • 15 Minuten **Zubereitung** • 10 Minuten **Küchentipp** • Je vielfältiger die Kräuter, desto würziger der Salat.

Wer auch im Winter gerne Tomate-Mozzarella essen möchte, schmort Kirschtomaten im Ofen – das verstärkt ihr Aroma.

Tomate-Mozzarella-Basilikum

Für 4 Personen

2 Kugeln	Büffelmozzarella
16	Tomaten
4	gelbe Tomaten
2 Bund	Basilikum
100 g	Rucola
	Meersalz
	Pfeffer aus der Mühle
8 EL	Olivenöl
2 EL	Balsamicoessig

Den Büffelmozzarella abtropfen lassen und in Scheiben schneiden. Tomaten vom Stielansatz befreien, dann in gleich dicke Scheiben schneiden. Basilikumblättchen von den Stängeln zupfen.

Rucola auf vier Teller verteilen und die Mozzarella- und Tomatenscheiben darauf anrichten. Mit Salz, Pfeffer und Basilikumblättern bestreuen und mit Öl und Balsamicoessig beträufeln.

Zubereitung • 10 Minuten   **Küchentipp** • Probieren Sie den Tomate-Mozzarella-Klassiker auch mal mit Zitronenbasilikum oder richten Sie ihn mit Borretschblüten an.

Rucola-Melonen-Salat

Für 4 Personen

¼	Wassermelone
4	Tomaten
1	kleine Salatgurke
1 Bund	Rucola
100 g	Kalamata-Oliven
50 g	Pistazien (geschält und gesalzen)
200 g	Schafskäse
4 EL	Olivenöl
2 EL	Rotweinessig
	Salz
	Pfeffer aus der Mühle

Wassermelone schälen und entkernen. Die Tomaten vom Stielansatz befreien, die Gurke schälen. Tomaten, Gurke und Wassermelone in Scheiben schneiden.

Mit dem Rucola auf Tellern anrichten, mit den Oliven und Pistazien bestreuen. Den Schafskäse in dünne Scheiben schneiden und auf dem Salat verteilen.

Für das Dressing Olivenöl, Essig, Salz und Pfeffer zu einer Vinaigrette verrühren und über den Salat träufeln.

Zubereitung • 15 Minuten   **Küchentipp** • Auch wenn der Rucola schon blüht, ist er ohne Weiteres essbar und gibt dem Salat einen hübschen Farbakzent.

Linsensalat mit Kräutervinaigrette

Für 4 Personen

200 g	Puy-Linsen
1	Lorbeerblatt
1	Knoblauchzehe
2	Schalotten
6 EL	Olivenöl
2 EL	Himbeeressig
1 TL	Dijonsenf
	Salz
	Pfeffer aus der Mühle
1 Beet	Kresse
5 Stängel	glatte Petersilie
3 Stängel	Dill
1 Bund	Schnittlauch
2 Handvoll	Feldsalat (nach Belieben)

In einem Topf mit kochendem Wasser die Linsen mit dem Lorbeerblatt und einer geschälten Knoblauchzehe in 30 Minuten bissfest kochen.

Schalotten sehr fein würfeln. In ein Sieb geben, mit kochendem Wasser übergießen und gut abtropfen lassen.

Olivenöl, Himbeeressig, Senf, Salz und Pfeffer zu einer Vinaigrette verrühren. Die Schalotten zufügen. Die Linsen darin 30 Minuten ziehen lassen.

Kresse vom Beet schneiden. Petersilienblättchen von den Stängeln zupfen und mit den anderen Kräutern grob hacken. Zu den Linsen geben und gut mischen. In Portionsschälchen servieren oder auf Feldsalat anrichten.

Vorbereitung • 30 Minuten **Zubereitung** • 10 Minuten + 30 Minuten Ziehzeit **Küchentipp** • Zu den Linsen passt auch eine Orangenvinaigrette mit etwas frisch gepresstem Orangen- und Zitronensaft statt Essig.

Thymian-Tomaten-Salat

Für 4 Personen

1 kg	rote und gelbe Tomaten
3	Knoblauchzehen
1 TL	Meersalz
1 Handvoll	gehackter frischer Thymian
½ Handvoll	gehackter frischer Oregano
1 EL	Salbeiblätter
4 EL	Olivenöl
2 EL	Sherryessig
1 TL	Chiliflocken (nach Belieben)

Die Tomaten vom Stielansatz befreien und in Scheiben schneiden. Die Knoblauchzehen schälen und fein hacken.

Die Tomaten auf einem Teller anrichten und mit dem Knoblauch, Salz, den gehackten Kräutern und den Salbeiblättern bestreuen. Olivenöl und Essig verrühren und über die Tomaten träufeln. Nach Belieben noch mit Chiliflocken bestreuen.

Zubereitung • 15 Minuten   **Küchentipp** • Dieser mediterrane Salat ist so würzig, dass man ihn nicht als Beilage, sondern am besten pur mit Brot isst.

Avocado-Blattsalat mit Koriander

Für 4 Personen

3	Avocados
1	Chicoree
1	Treviso
	(oder Radicchio)
1	Salatherz
1	rote Zwiebel
½	Gurke
2	Knoblauchzehen
2	Bio-Limetten
4 EL	Olivenöl
1 EL	Naturjoghurt
	Salz
	Pfeffer aus der Mühle
1 Bund	Koriander
2	Weizen- oder Mais-tortillas

Die Avocados schälen, den Kern auslösen und das Fruchtfleisch in Scheiben schneiden. Die Salatblätter in mundgerechte Stücke zupfen. Zwiebel schälen, halbieren und in feine Streifen schneiden. Die Gurke schälen und in Scheiben schneiden. Alles auf Tellern verteilen.

Die Knoblauchzehen schälen und durchpressen. Die Schale der Limetten abreiben, dann beide auspressen. Olivenöl, Joghurt, Limettensaft und abgeriebene Schale, Knoblauch, Salz und Pfeffer zu einem Dressing verrühren und den Salat damit anmachen. Die Korianderblättchen abzupfen, grob hacken und über den Salat streuen. Nach Belieben Tortillas in Dreiecke schneiden, in der Pfanne kurz anrösten und den Salat damit servieren.

Zubereitung • 15 Minuten   **Küchentipp** • Zum Salat passt gebratene Hähnchenbrust – er eignet sich ebenso gut auch als Hauptgericht.

Das Auge isst mit — essbare Blüten

In unseren Gärten wachsen viele hübsche Blümchen, die sich nicht nur hervorragend zur Dekoration eignen, sondern auch gut schmecken. Meist werden von den Pflanzen Blüten und Blättchen verwendet.

Der *Borretsch* wächst in weiten Teilen Europas wild und wuchert auf vielen Gartenbeeten. Seine blauen Blüten schmücken Salate, Suppen und alle Gurkengerichte. Die haarigen jungen Blättchen haben ein feines Aroma, sie passen vorzüglich zu allen Salaten, geschmorten Gurken, Kartoffelsalat, Quark, Fisch, Rindfleisch und Eiern. Die Italiener verwenden Borretsch für Gemüsesuppen und Raviolifüllungen. *Gänseblümchen* machen aus einem Wildkräutersalat einen Augenschmaus. Sie passen gehackt gut aufs Butterbrot und zum Eiersalat. Auch zu Kräutersuppen und gekochten Kartoffeln machen sich Blüten und fein gehackte Blätter gut. Die lilablauen Blüten des *Gundermanns* hübschen jeden Salat auf und seine Blätter gehören in traditionelle Gründonnerstagssuppen. Vorsichtig verwenden, er hat einen starken Eigengeschmack. Die Blüten der *Kapuzinerkresse* gibt es in vielen leuchtenden Farben und Größen. Blätter und Blüten schmecken leicht pfeffrig, ähnlich wie die normale Kresse, und können auch so verwendet werden. Mit den Blüten lassen sich nicht nur Gemüse und Salate, sondern auch Desserts dekorieren.

Bei *Ringelblumen* werden die abgezupften Blütenblätter verwendet. Sie verleihen Salaten, Suppen und Gemüse eine milde Würze. Die ganzen Blüten eignen sich zudem zum Schmücken von Salaten und Getränken, wie beispielsweise Bowle.

Zaziki

Für 4 Personen

2	Salatgurken
3	Knoblauchzehen
3 Becher	griechischer Joghurt (450 g)
2 EL	gehackte frische Minze
4 EL	Weißweinessig
	Salz
	Pfeffer aus der Mühle

Die Gurken ungeschält längs vierteln und die Kerne entfernen, dann in kleine Stücke schneiden. Die Knoblauchzehen schälen und fein hacken.

Unter den Joghurt rühren, Minze und Gurkenwürfel zugeben, mit Essig, Salz und Pfeffer abschmecken. Gut gekühlt servieren.

Zubereitung • 10 Minuten **Küchentipp** • Griechischer Zaziki und skandinavischer Dill-Gurkensalat passen gut zu gegrilltem Fleisch.

Dill-Gurkensalat

Für 4 Personen

1	Salatgurke
1 EL	Olivenöl
2 EL	Weißweinessig
	Salz
	Pfeffer aus der Mühle
1 TL	Zucker
1 Bund	Dill

Die Gurke nur streifenweise schälen. Längs vierteln und die Kerne entfernen, dann in dünne Scheiben schneiden.

Aus Öl, Essig, Salz, Pfeffer und Zucker eine Vinaigrette anrühren. Den Dill hacken und mit der Salatsauce zur Gurke geben, gut mischen.

Zubereitung • 10 Minuten **Küchentipp** • Beide Sommersalate schmecken auch pur mit geröstetem Fladenbrot.

Kartoffelsalat mit Brunnenkresse

Für 4 Personen

1 kg	kleine, festkochende Kartoffeln
6 EL	Olivenöl
3 EL	Weißweinessig
100 ml	Brühe
2 EL	grobkörniger Dijonsenf
	Salz
	weißer Pfeffer aus der Mühle
2 TL	Zucker
1 Bund	Brunnenkresse

Die Kartoffeln schälen und in 15–20 Minuten gar kochen. Abgießen und in Scheiben schneiden.

In einer Schüssel Olivenöl, Essig, Brühe, Senf, Salz, Pfeffer und Zucker mischen. Das Dressing über die Kartoffeln geben und alles vorsichtig durchmischen.

Die Brunnenkresse in feine Streifen schneiden und hinzufügen.

Zubereitung • 30 Minuten   **Küchentipp** • Mit essbaren Kapuzinerkresseblüten angerichtet macht der Kartoffelsalat auch optisch viel her.

Kalte Basilikum-Gurken-Suppe

Für 4 Personen

2	Salatgurken
1	Knoblauchzehe
1 Bund	Basilikum
100 g	Mandeln (ohne Haut)
200 g	Schmand oder Crème fraîche
150 g	Naturjoghurt
100 ml	Buttermilch
75 ml	Olivenöl
50 ml	Weißweinessig
	Meersalz
	Pfeffer aus der Mühle

Die Gurken schälen und grob würfeln. Knoblauch schälen. Basilikumblättchen von den Stängeln zupfen. Einige Blättchen beiseitestellen. Die Mandeln grob hacken.

Gurke, Knoblauch, Basilikum, Mandeln, Schmand oder Crème fraîche, Joghurt, Buttermilch, Olivenöl, Weißweinessig, Meersalz und Pfeffer in den Mixer geben und pürieren. Suppe mindestens 1 Stunde kalt stellen. Mit dem restlichen Basilikum anrichten.

Zubereitung • 10 Minuten + 1 Stunde Kühlzeit   **Küchentipp** • Als sommerliche Erfrischung in eisgekühlte Gläser füllen.

Korianderpesto

Für 1 Glas (à 100 ml)

1–2 Bund	Koriander
30 g	Walnusskerne
1	Knoblauchzehe
30 g	Parmesan
50 ml	Olivenöl
	Salz
	Pfeffer aus der Mühle

Den Koriander und die Walnüsse mit dem Wiegemesser sehr fein hacken, den Knoblauch schälen und durchpressen, den Parmesan reiben.

In einer Schüssel alle Zutaten mit dem Öl mischen und mit (wenig) Salz und Pfeffer abschmecken. Wem das Pesto nicht cremig genug erscheint, der püriert es mit dem Stabmixer.

Zubereitung • 10 Minuten   **Küchentipp** • Im Glas, mit etwas Öl bedeckt, hält sich Pesto gekühlt etwa 2 Wochen.

Basilikumpesto

Für 1 Glas (à 250 ml)

2 Bund	Basilikum
1 Bund	glatte Petersilie
3	Knoblauchzehen
50 g	Pinienkerne
150 ml	Olivenöl
80 g	Parmesan
1 TL	Zitronensaft
	Salz

Basilikum- und Petersilienblättchen abzupfen. Die Knoblauchzehen schälen. Auf einem großen Schneidebrett mit einem Wiegemesser Kräuter, Pinienkerne und Knoblauch sehr fein hacken. Alles in einen großen Mörser geben und mit 1 EL Öl cremig rühren. Nach und nach das restliche Öl zufügen.

Den Parmesan reiben und untermischen. Mit (wenig) Zitronensaft und Salz abschmecken. Wem das Pesto nicht cremig genug wird, der püriert es im Mixer oder im Rührbecher mit dem Stabmixer.

Zubereitung • 15 Minuten   **Küchentipp** • Auch Rucola- oder Bärlauchpesto können auf dieselbe Art hergestellt werden.

Kräuterbutter

250 g	weiche Butter
200 g	Kräuter nach Wahl
1 EL	Zitronensaft
	Salz
	Pfeffer aus der Mühle
1	Knoblauchzehe (nach Belieben)

Die weiche Butter mit einer Gabel schaumig schlagen. Die Kräuter hacken, unter die Butter rühren und mit Zitronensaft, Salz, Pfeffer (und gegebenenfalls Knoblauch) abschmecken. Die Kräuterbutter in Alufolie zu einer Rolle formen oder in ein Glas füllen und im Kühlschrank erkalten lassen.

Zubereitung ● 10 Minuten + Kühlzeit   **Küchentipp** ● Im Kühlschrank lässt sich Kräuterbutter ein paar Tage aufbewahren.

Montpellierbutter mit Dill und Kapern

1	Schalotte
1	Knoblauchzehe
½	Bio-Zitrone
2 Stängel	Dill
2 Stängel	glatte Petersilie
2 Stängel	Estragon
½ Bund	Schnittlauch
1 EL	Kapern
2	Sardellen
2	Cornichons
125 g	weiche Butter
1 TL	Senf

Schalotte schälen und in feine Würfel schneiden. Die Knoblauchzehe schälen. Von der Zitrone etwas Schale abreiben, dann den Saft auspressen. Kräuter, Kapern, Sardellen, Knoblauch und Cornichons fein hacken.

Die Kräutermasse in die schaumig gerührte Butter geben und mit Senf, etwas abgeriebener Zitronenschale und Zitronensaft vermengen. Mindestens 1 Stunde kühl stellen, damit die Butter fest wird.

Zubereitung ● 15 Minuten + 1 Stunde Kühlzeit
Küchentipp ● Man kann die Montpellierbutter zusätzlich mit 2 hartgekochten Eigelben vermengen.

Joghurt-Minze-Drink

Für 4 Gläser

1 Bund	frische Minze
1	Bio-Limette
500 g	Naturjoghurt
500 ml	stilles Mineralwasser (gekühlt)
1 TL	Zucker
	Salz
	weißer Pfeffer aus der Mühle

Die Minzeblätter von den Stängeln zupfen und sehr fein hacken. Die Schale der Limette abreiben, dann den Saft auspressen.

Den Joghurt mit dem Mineralwasser verrühren. Die Limettenschale und den Saft dazugeben. Mit Zucker, Salz und weißem Pfeffer abschmecken.

Zubereitung • 10 Minuten   **Küchentipp** • In Gläsern servieren, eventuell mit Eiswürfeln zusätzlich kühlen.

Thymian-Parmesan-Brot

Für 4 Personen

1	kleiner Laib helles Brot
	(etwa 20 cm lang)
2	Knoblauchzehen
150 g	Butter
	Meersalz
	Pfeffer aus der Mühle
60 g	Parmesan
3 EL	Thymianblätter

Backofen auf 200 °C vorheizen. Mit einem scharfen Messer das Brot in Abständen von jeweils 1 cm sehr tief einschneiden, aber nicht ganz durchschneiden. Knoblauchzehen schälen und durchpressen.

Butter, Knoblauch, Salz und Pfeffer in einem kleinen Topf bei niedriger Hitze erwärmen und die Butter zum Schmelzen bringen. Den Parmesan reiben und mit dem Thymian einrühren. Die Einschnitte im Brot vorsichtig auseinanderziehen und innen auf beiden Seiten mit der Knoblauchbutter bestreichen.

Den Laib in Alufolie verpacken und auf ein Backblech setzen. Im vorgeheizten Backofen 20–30 Minuten backen.

Vorbereitung • 10 Minuten   **Zubereitung** • 20–30 Minuten

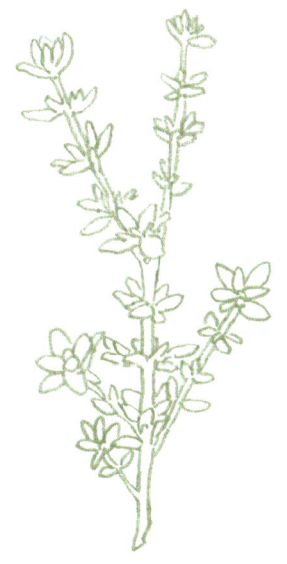

Kräuter-Focaccia

Für 4 Personen

250 g	Weizenmehl
½ TL	Salz
½ Würfel	Hefe (20 g)
½ TL	Zucker
3 EL	Olivenöl
2 EL	Thymianblättchen
2 EL	Salbeiblätter
1 EL	Fenchelsamen (nach Belieben)
½ Glas	schwarze Oliven ohne Stein (trocken eingelegt, 100 g)
3 EL	weiche Knoblauch-butter

Mehl und Salz in eine Schüssel geben und in die Mitte eine Mulde drücken. Hefe hineinbröseln und mit dem Zucker und 150 ml lauwarmem Wasser verrühren. 20 Minuten zugedeckt an einem warmen Ort gehen lassen. Die Hefemischung unter das Mehl arbeiten. Öl zugeben und alles zu einem glatten Teig verkneten. Abgedeckt weitere 30 Minuten an einem warmen Ort gehen lassen.

Backofen auf 200 °C vorheizen. Auf der bemehlten Arbeitsfläche den Teig in 4 Portionen teilen und zu handgroßen Fladen formen. Die Kräuter und die Oliven unter den Teig kneten. Die Teigfladen auf ein mit Backpapier ausgelegtes Blech legen und im vorgeheizten Backofen auf der untersten Schiene 20 Minuten backen.

Das Brot mit Knoblauchbutter bestreichen und in 5–10 Minuten goldbraun backen. Auf einem Kuchengitter auskühlen lassen.

Vorbereitung • 15 Minuten + 1 Stunde Zeit für den Teig   **Zubereitung** • 30 Minuten

Mediterranes Kräuteröl

4 Stängel	Rosmarin
4 Stängel	Thymian
1 l	Olivenöl

Die Stängel in eine saubere Flasche geben, mit dem Öl auffüllen und verschließen. Kräuteröle eignen sich vor allem für Salatsaucen.

Zubereitung • 10 Minuten   **Küchentipp** • Für alle Öle müssen die frischen Kräuter trocken sein. Falls sie abgespült wurden, sorgfältig trocken tupfen.

Würzöl mit Knoblauch & Chili

2	Knoblauchzehen
500 ml	Olivenöl
250 ml	Rapskernöl
250 ml	Traubenkernöl
3 EL	Kräuter der Provence (getrocknet)
1	getrocknete Chilischote

Den Knoblauch schälen. Alle Zutaten in eine Flasche füllen und verschließen.

Mit dem aromatischen Öl können beispielsweise Pizza und Pastagerichte gewürzt oder Grillfleisch mariniert werden.

Zubereitung • 10 Minuten   **Küchentipp** • Neben Salatölen mit einzelnen Kräutern lassen sich aus verschiedenen Ölsorten und Kräutern auch intensivaromatische Würzöle mischen.

Auf der nächsten Seite weitere Ideen für Kräuteröl (von links): Sonnenblumenöl mit Dill, Traubenkernöl mit Minze, Walnussöl mit Salbei, Olivenöl mit Chili, Olivenöl mit Lorbeer und Knoblauch, Olivenöl mit Basilikum, Olivenöl mit Rosmarin.

Zitronenöl mit Estragon

1	Bio-Zitrone
4 Stängel	Estragon
1 l	Olivenöl

Zitronenschale abreiben und mit dem Estragon in eine saubere Flasche geben, mit dem Öl auffüllen und verschließen.

Zubereitung • 10 Minuten   **Küchentipp** • Für Kräuteröl eignen sich sowohl frische als auch getrocknete Kräuter. Sie müssen gänzlich mit Öl bedeckt sein.

Walnussöl mit Salbei

1 EL	Salbeiblätter
250 ml	Walnussöl

Die Salbeiblätter in eine kleine Flasche geben und mit Öl auffüllen.

Zubereitung • 10 Minuten   **Küchentipp** • Alle Kräuteröle können etwa 3 Wochen ziehen. Danach entfernt man die Kräuter oder füllt das Öl in eine andere Flasche um.

Essbare Blüten von Kapuzinerkresse, Borretsch oder Schnittlauch geben dem Essig noch eine Extraportion Aroma.

Essig mit Gartenkräutern

50 g	Gartenkräuter (Pimpinelle, Liebstöckel, Kerbel, Zitronenmelisse)
500 ml	Weißweinessig

Die Kräuter in ein verschließbares Gefäß geben und mit Weißweinessig auffüllen. Mindestens 2–3 Tage und bis zu 14 Tage ziehen lassen, dann ohne die Kräuter in eine saubere Flasche umfüllen.

Zubereitung • 10 Minuten   **Küchentipp** • In der Regel lässt man Kräuter 10–14 Tage ziehen, in dieser Zeit sollte der Essig kühl und dunkel lagern.

Estragonessig

2–3 Stängel	Estragon
250 ml	Weißweinessig

Den Estragon in ein verschließbares Gefäß geben und mit Weißweinessig bedecken. Kühl und dunkel lagern und etwa 14 Tage ziehen lassen, dann ohne die Kräuter in eine Flasche umfüllen.

Neben dem Klassiker mit Estragon kann Essig auch mit Dill und anderen Gartenkräutern angesetzt werden. Zu asiatischen Gerichten passt mit Ingwer und Zitronengras verfeinerter Reisessig.

Zubereitung • 10 Minuten   **Küchentipp** • Wenn der Essig nach 2 Wochen noch nicht kräftig genug schmeckt, die Kräuter durch frische ersetzen.

Rezepte aus dem
Gemüsegarten

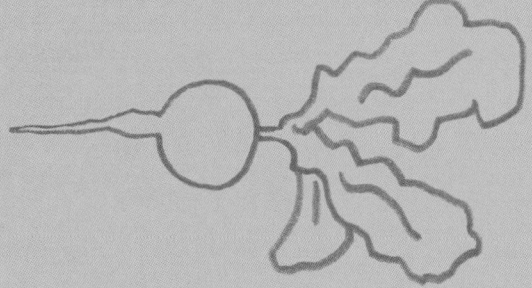

Kerbelsuppe

Für 4 Personen

1	Zwiebel
350 g	mehligkochende Kartoffeln
50 g	Butter
500 ml	Gemüsebrühe
2 Bund	Kerbel
250 g	Sahne

Die Zwiebel und die Kartoffeln schälen und würfeln. In einem Topf in der Butter andünsten und mit der Gemüsebrühe aufgießen. Bei mittlerer Hitze 15–20 Minuten garen, bis die Kartoffeln weich sind.

Den Kerbel grob hacken und in die Suppe geben. Die Sahne einrühren und alles mit dem Stabmixer pürieren. Wieder erhitzen, aber nicht mehr kochen.

Vorbereitung • 10 Minuten **Zubereitung** • 30 Minuten **Küchentipp** • Auch zu einer klassischen Kartoffelsuppe passt Kerbel – als Pesto aus etwas Olivenöl, geriebenem Parmesan und dem fein gehackten Kerbel.

Kartoffelsuppe mit Kresseöl

Für 4 Personen

500 g	mehligkochende Kartoffeln
1 Bund	Suppengemüse
1	kleine Zwiebel
20 g	Butter
	Salz
	Pfeffer aus der Mühle
2 Handvoll	Kapuzinerkresse-blätter
50 ml	Olivenöl
4	kleine Steinpilze Muskatnuss, frisch gerieben

Kartoffeln, Suppengemüse und die Zwiebel schälen und klein würfeln. In einem Topf das Gemüse in der Butter anschwitzen, mit Salz und Pfeffer würzen. Mit 1,5 l Wasser aufgießen und gar kochen.

Die Kresseblätter mit einer Prise Salz und 40 ml Öl fein pürieren.

Die Pilze putzen und in Scheiben schneiden. Im restlichen Öl auf beiden Seiten goldbraun braten, mit Salz, Pfeffer und Muskatnuss würzen.

Die Suppe pürieren und noch einmal erhitzen. Mit den Pilzen und dem Kresseöl servieren.

Vorbereitung • 10 Minuten   **Zubereitung** • 20 Minuten   **Küchentipp** • Nach Belieben mit Kapuzinerkresseblüten dekorieren. Statt Kapuzinerkresse können auch 2 Kästchen Gartenkresse verwendet werden.

Kartoffelsuppe mit Dicken Bohnen

Für 6 Personen

350 g	mehligkochende Kartoffeln
2	Möhren
80 g	Knollensellerie
40 g	Butter
500 g	Dicke-Bohnen-Kerne (frisch und enthülst oder TK)
750 ml	Geflügelfond
½ Bund	Bohnenkraut
250 g	Sahne
	Salz
	Pfeffer aus der Mühle
	Muskatnuss, frisch gerieben

Kartoffeln, Möhren und Sellerie schälen und grob würfeln.

Butter in einem Topf erhitzen. Die Hälfte der Dicken Bohnen, die Kartoffeln und das Gemüse darin andünsten. Den Geflügelfond zufügen, aufkochen und zugedeckt bei mittlerer Hitze 30 Minuten garen.

Inzwischen die restlichen Bohnen häuten. Die Blätter vom Bohnenkraut abzupfen und hacken. Die Suppe mit dem Stabmixer sehr fein pürieren. Mit Salz, Pfeffer und Muskatnuss würzen. Die Bohnenkerne und die Sahne hineingeben und 3–4 Minuten bei mittlerer Hitze garen. Zuletzt das Bohnenkraut zugeben.

Vorbereitung • 15 Minuten   **Zubereitung** • 40 Minuten   **Küchentipp** • Bohnenkraut passt auch gut zu Kohl, Wurzelgemüse und Zwiebeln, es mildert zudem ihre starken Gerüche.

Koriander-Wan-Tan mit Hühnerbrühe

Für 4 Personen

300 g	Hühnerbrust
1	Zwiebel
1 Bund	Koriander
2 TL	fein geriebener Ingwer
2 EL	Sojasauce
20	Wan-Tan-Teigblätter
	Pflanzenöl zum Fetten
1	große, milde rote
	Peperoni
1 EL	Essig
1 EL	Rohrzucker
1 l	Hühnerbrühe
2	Frühlingszwiebeln

Das Hühnerfleisch hacken. Die Zwiebel schälen und fein würfeln. Die Korianderblätter abzupfen und fein hacken. Hühnerhack, Zwiebelwürfel, Koriander, Ingwer und Sojasauce mischen.

Auf jedes Wan-Tan-Teigblatt einen EL Füllung geben. Den Teigrand mit Wasser befeuchten, die Ecken zusammenfassen und die Teigränder festdrücken, sodass die Beutelchen dicht verschlossen sind. Die Wan Tan in einem gefetteten Dämpfeinsatz über kochendem Wasser etwa 8 Minuten garen.

Die Peperoni von den Kernen befreien und in Streifen schneiden. Mit Essig und Zucker zur Hühnerbrühe geben und kurz aufkochen. Frühlingszwiebeln putzen und in feine Ringe schneiden. Die Wan Tan in der Suppe anrichten und mit den Frühlingszwiebeln bestreuen.

Vorbereitung • 30 Minuten   **Zubereitung** • 15 Minuten

Bärlauchknödel mit Tomatensugo

Für 4 Personen

250 g	mehligkochende Kartoffeln
150 g	Bärlauchblätter
100 g	Weizenmehl
50 g	Weizengrieß
2	Eier
	Salz
	Pfeffer aus der Mühle
	Muskatnuss, frisch gerieben
5	Fleischtomaten
1	Zwiebel
20 g	Butter
	etwas Zucker
50 g	Parmesan, Späne abgerieben

Kartoffeln in einem Topf 20 Minuten in Salzwasser gar kochen. Währenddessen den Bärlauch hacken. Kartoffeln abgießen und schälen. Durch die Presse in eine Schüssel drücken und mit Bärlauch, Mehl, Grieß und Eiern gründlich vermengen. Die Masse mit Salz, Pfeffer und etwas Muskatnuss würzen und etwa 15 Minuten quellen lassen.

Die Tomaten vom Stielansatz befreien und mit kochendem Wasser überbrühen, kalt abschrecken und die Haut abziehen. Das Fruchtfleisch würfeln.

Die Zwiebel schälen, würfeln und in der Butter anschwitzen, bis sie glasig wird. Die Tomaten dazugeben und bei niedriger Hitze 10 Minuten köcheln. Die Sauce mit Zucker, Salz und Pfeffer abschmecken.

Die Kartoffelmasse mit angefeuchteten Händen zu kleinen Knödeln formen und in siedendem Salzwasser etwa 15 Minuten offen ziehen lassen. Knödel auf Teller anrichten, mit der Sauce und den Parmesanspänen servieren.

Vorbereitung • 30 Minuten **Zubereitung** • 15 Minuten

Kräuterrisotto

Für 4 Personen

1	große Zwiebel
1 EL	Pflanzenöl
400 g	Risottoreis
1 l	Gemüsebrühe
125 ml	Weißwein
1 Bund	glatte Petersilie
1 Bund	Basilikum
100 g	Parmesan
300 g	frischer Blattspinat (oder TK aufgetaut)
300 g	Zucchini, grob zerkleinert
1 Bund	Rucola
	Salz
	Pfeffer aus der Mühle

Die Zwiebel schälen, hacken und in dem Öl glasig schwitzen Den Reis dazugeben und etwa 2 Minuten mitschwitzen.

Den Reis abwechselnd mit der Brühe und dem Weißwein ablöschen, immer gerade so viel Flüssigkeit zugeben, dass der Reis bedeckt ist. Stetig umrühren, damit sich die Stärke aus dem Reis löst und der Risotto sämig wird. Immer wenn die Flüssigkeit verkocht ist, wieder neue zugeben und weiter rühren – bis der Reis gar ist (25–30 Minuten).

Währenddessen die Petersilien- und Basilikumblätter abzupfen und den Parmesan reiben. Den Spinat, die Zucchini, Rucola und die Kräuter in einem Topf erwärmen und mit dem Stabmixer pürieren. Die Masse unter den Reis heben, mit Salz und Pfeffer abschmecken. Den Topf vom Herd ziehen und den Parmesan unterrühren.

Vorbereitung • 5 Minuten   **Zubereitung** • 30 Minuten   **Küchentipp** • Einen Farbakzent zum grünen Risotto setzen gebratene rote Paprikaschoten.

Kerbelrisotto mit Spargel

Für 2 Personen

1	Bio-Zitrone
3	Schalotten
2	Knoblauchzehen
250 g	grüner Spargel
100 g	Parmesan
1 EL	Butter
2 EL	Olivenöl
200 g	Risottoreis
250 ml	Weißwein
350 ml	Gemüsebrühe
1½ Bund	Kerbel
	Salz
	Pfeffer aus der Mühle

Die Schale der Zitrone fein abreiben und den Saft auspressen. Die Schalotten und die Knoblauchzehen schälen und fein hacken. Den Spargel nur im unteren Drittel schälen und die holzigen Enden abschneiden. Den Parmesan reiben.

In einer Pfanne 1 EL Butter und 1 EL Olivenöl erhitzen. Zitronenschale, Zwiebel und Knoblauch darin 3–4 Minuten anschwitzen. Dann den Reis zufügen und kurz anrösten. Mit Weißwein ablöschen und unter Rühren vollständig einkochen lassen. Nun die Brühe kellenweise zufügen und wiederum vom Reis aufnehmen lassen.

Während der Reis gart, in einer Pfanne 1 EL Olivenöl erhitzen und den grünen Spargel darin rundherum 8–10 Minuten braten.

Inzwischen den Kerbel mitsamt den feinen Stängeln hacken. Wenn der Risotto (nach 25–30 Minuten) bissfest ist, den Kerbel und den Parmesan unterrühren. Mit Salz, Pfeffer und etwas Zitronensaft abschmecken. Vom Herd nehmen, den Spargel zugeben und vor dem Servieren zugedeckt noch 3–4 Minuten ziehen lassen.

Vorbereitung • 10 Minuten   **Zubereitung** • 40 Minuten

Oregano-Käse-Tarte mit Artischocken

Für 4 Personen

3 Lagen	Blätterteig (ca. 200 g)
250 g	Ricotta
2	Eier
50 g	Parmesan, gerieben
2 EL	Oreganoblättchen
	Meersalz
	Pfeffer aus der Mühle
8	Artischockenherzen

Den Ofen auf 180 °C vorheizen. Den Teig in eine rechteckige Springform (11 x 34 cm) legen, überstehenden Teig abschneiden.

In einer Schüssel den Ricotta mit den Eiern, Parmesan, Oregano, Salz und Pfeffer vermischen und die Masse auf dem Teigboden verteilen. In der Mitte die Artischocken platzieren.

Im vorgeheizten Backofen 30 Minuten backen, bis sich der Belag goldbraun färbt. Warm oder kalt servieren.

Vorbereitung • 15 Minuten   **Zubereitung** • 30 Minuten

Kräuter-Pizzettine

Für 6 Personen

500 g	Weizenmehl
1 Würfel	frische Hefe (40 g)
1 TL	Zucker
1 TL	Salz
6 EL	Olivenöl
400 g	gelbe Cocktail-tomaten
400 g	rote Cocktail-tomaten
40 g	schwarze Oliven, entsteint
2 Stangen	Staudensellerie, in Stücke geschnitten und blanchiert
200 g	Schafskäse
125 g	Mozzarella
1 Bund	Frühlingszwiebeln
50 g	Champignons Rosmarin, Oregano (getrocknet)
1 Handvoll	Basilikumblätter

Mehl in eine Rührschüssel geben und in die Mitte eine Mulde drücken. Die Hefe hineinbröckeln und mit 125 ml lauwarmem Wasser verrühren. Den Zucker darauf streuen und kurz gehen lassen.

Danach vorsichtig weitere 125 ml lauwarmes Wasser, Salz und Olivenöl zugeben und alles so lange verkneten, bis sich der Teig von der Schüssel löst. Mit einem Tuch abdecken und 1 Stunde gehen lassen.

Den Backofen auf 200 °C vorheizen. Den Teig auf eine bemehlte Arbeitsfläche geben, gut durchkneten und ausrollen. Mit dem Rand einer großen Tasse runde Formen ausstechen, diese auf geölte Backbleche setzen und mit Käse und Gemüse nach Lust und Laune belegen. Mit Rosmarin und Oregano bestreuen und mit etwas Öl beträufeln.

Die Pizzettine auf der zweiten Einschubleiste 15–20 Minuten backen. Nach dem Backen mit den Basilikumblättern bestreuen.

Vorbereitung • 20 Minuten + Gehzeit 65 Minuten   **Zubereitung** • 15–20 Minuten

Kräuterspaghetti mit Chili

Für 2–3 Personen

300 g	Spaghetti
½ Bund	Basilikum
½ Bund	glatte Petersilie
½ Bund	Rucola
1 EL	Salbeiblätter
1 EL	Estragonblätter
2	Frühlingszwiebeln
2	Knoblauchzehen
1	grüne oder rote Chilischote
5 EL	Olivenöl
	Salz
	Pfeffer aus der Mühle
5 EL	frisch geriebener Parmesan

Spaghetti in Salzwasser bissfest kochen. Frische Kräuter mit dem Wiegemesser hacken. Die Frühlingszwiebeln in dünne Ringe schneiden, den Knoblauch schälen und zerdrücken. Die Chilischote halbieren, die Kerne entfernen, dann fein würfeln.

Frühlingszwiebeln, Knoblauch und Chilischote in einer Pfanne in dem Olivenöl erhitzen, aber nicht bräunen. Die abgetropften Nudeln zugeben, mit Salz und Pfeffer würzen. Kräuter und Parmesan untermischen und alles gut durchschwenken.

Die Kräuterspaghetti auf Tellern anrichten und eventuell mit Basilikumblättern garnieren.

Vorbereitung • 10 Minuten **Zubereitung** • 15 Minuten **Küchentipp** • Kräuterspaghetti kommen auch bei Kindern gut an, wenn man die Chilischote und den Salbei weglässt.

Brunnenkresse-Ricotta-Gnocchi

Für 4–6 Personen

1 Bund	Brunnenkresse
80 g	Parmesan
500 g	Ricotta
2	Eier
150 g	Weizenmehl
2 TL	fein abgeriebene Zitronenschale
	Meersalz
160 g	feiner Hartweizengrieß
250 g	Sahne
	Pfeffer aus der Mühle
150 g	Pancetta, in dünne Scheiben geschnitten

Einige Brunnenkresseblätter beiseitestellen, den Rest fein hacken. Den Parmesan reiben. In einer Schüssel Ricotta, die Hälfte des geriebenen Parmesans, Eier, Mehl, Zitronenschale, etwas Salz und die Brunnenkresse gut vermischen. Die Masse auf einer dicht mit dem Grieß bestreuten Arbeitsfläche zu 4 Strängen von 30 cm Länge rollen. Diese in 2 cm lange Stücke schneiden.

Die Gnocchi portionsweise in kochendem Salzwasser 2–3 Minuten garen, bis sie an die Oberfläche steigen. Mit einem Schaumlöffel herausheben, warm stellen.

Die Sahne in einer weiten Pfanne 1–2 Minuten etwas einkochen lassen. Die Gnocchi, den restlichen Parmesan, die restlichen Brunnenkresseblätter, Salz und Pfeffer dazugeben und alles gut mischen. Pancetta in einer heißen Pfanne ohne Fett knusprig braten und über die Gnocchi geben.

Vorbereitung • 10 Minuten   **Zubereitung** • 10 Minuten   **Küchentipp** • Je nach Vorliebe schmecken die Ricotta-Gnocchi auch mit Petersilie, Basilikum oder gemischten Kräutern.

Die Füllung sollte – dank Salbei oder anderer kräftiger Kräuter in der Mischung – sehr würzig sein, sonst schmecken die Ravioli fade.

Vollkornravioli mit Kräuterfüllung

Für 6 Personen

500 g	Weizenvollkornmehl
4	Eier
3 EL	Pflanzenöl
1 TL	Salz
300 g	gemischte Kräuter (Basilikum, Petersilie, Salbei und Oregano)
100 g	Parmesan
1	Schalotte
250 g	Ricotta
	Pfeffer aus der Mühle
1 Prise	Muskat
1 EL	Butter
	Salbeiblüten (nach Belieben)

Für den Nudelteig Mehl, Eier, 2 EL Öl und Salz mit so viel Wasser verkneten, dass ein glatter Teig entsteht. 1 Stunde bei Zimmertemperatur ruhen lassen.

Die Kräuter hacken. Den Parmesan reiben. Die Schalotte schälen, fein würfeln und in einer Pfanne in 1 EL Öl anschwitzen. Abkühlen lassen, dann Ricotta mit Kräutern, Parmesan, Pfeffer und Muskat vermengen.

Den Nudelteig portionsweise zu mehreren Bahnen dünn ausrollen (am besten mit einer Nudelmaschine). Jeweils 1 TL Füllung im Abstand von 5 cm auf eine Teigbahn geben. Nudelteig um die Füllung herum mit etwas Wasser bestreichen. Eine zweite Teigbahn darauflegen und zwischen den Füllungen gut andrücken. Mit einem Messer in Quadrate schneiden oder mit einem Glas (Durchmesser 5 cm) Ravioli ausstechen. Restlichen Teig und Teigreste ausrollen und wie beschrieben füllen.

In einem Topf Wasser zum Kochen bringen, die Ravioli 3–5 Minuten köcheln lassen, abgießen und anschließend in 1 EL Butter schwenken. Mit den Salbeiblüten, falls verwendet, dekorieren.

Vorbereitung • 40 Minuten + 1 Stunde Ruhezeit   **Zubereitung** • 10 Minuten   **Küchentipp** • Dazu passen Sahne-, Tomaten- oder Paprikasauce oder ein Pilzragout.

Rucola-Sellerie-Puffer mit Ziegenfrischkäse

Für 4 Personen

100 g	Rucola
200 g	Knollensellerie
60 g	Reismehl
2	Eier
½ TL	Currypulver
	Meersalz
	Pfeffer aus der Mühle
4 EL	Pflanzenöl
200 g	Ziegenfrischkäse

Rucola fein hacken, einige Blätter beiseitestellen. Den Sellerie schälen und fein hobeln. Beides mit Reismehl, Eiern und den Gewürzen in einer großen Schüssel mischen.

Öl in einer großen Pfanne erhitzen. Esslöffelgroße Portionen der Gemüsemischung in das heiße Öl geben, etwas flach drücken und auf jeder Seite 1–2 Minuten goldgelb braten.

Auf jedes Küchlein etwas Rucola und Ziegenfrischkäse geben, mit Pfeffer bestreuen und warm servieren.

Vorbereitung • 10 Minuten   **Zubereitung** • 10 Minuten   **Küchentipp** • Probieren Sie auch andere Gemüsepuffervarianten wie Möhren-, Süßkartoffel- oder Zucchiniküchlein mit Korianderjoghurt.

Kräuterwaffeln mit Koriandertomaten

Für 4 Personen

400 g	mehligkochende Kartoffeln
1 Bund	gemischte Kräuter
200 ml	Milch
4	Eier
100 g	warme Butter
250 g	Weizenmehl
2 Msp.	Backpulver
50 g	Kartoffelstärke
	Salz
	Pfeffer aus der Mühle
½ Bund	Koriander
200 g	Kirschtomaten
1 Prise	Zucker
	Butter für das Waffeleisen
200 g	Crème fraîche

Die Kartoffeln schälen und in 15–20 Minuten gar kochen. Die Kräuter fein hacken.

In einer Schüssel die gekochten Kartoffeln zerstampfen und mit Milch, Eiern und 50 g Butter mit dem Handrührgerät verrühren. Das Mehl, Backpulver und Kartoffelstärke nach und nach dazu sieben und langsam unterrühren. Die Kräuter zugeben und den Teig mit Salz und Pfeffer abschmecken.

Die Korianderblättchen abzupfen und grob hacken. Die Kirschtomaten in der restlichen Butter mit Zucker anschwitzen. Mit Salz, Pfeffer und den Korianderblättern würzen.

In einem gebutterten Waffeleisen den Teig portionsweise knusprig ausbacken. Die Kräuterwaffeln jeweils in Stücke teilen und mit den Tomaten und der Crème fraîche servieren.

Vorbereitung • 30 Minuten   **Zubereitung** • 10 Minuten   **Küchentipp** • Die Waffeln können mit Schnittlauch, Petersilie und Kresse oder anderen Gartenkräutern zubereitet werden.

Sieben Kräuter gehören in die klassische Frankfurter Grüne Sauce: Petersilie, Schnittlauch, Kresse, Kerbel, Pimpinelle, Sauerampfer und Borretsch.

Grüne Sauce und Pellkartoffeln

Für 4 Personen

300 g	gemischte Kräuter
500 g	saure Sahne, Schmand oder Crème fraîche
6	Eier
1 EL	Zitronensaft
1 EL	Senf (nach Belieben)
	Salz
	Pfeffer aus der Mühle
800 g	kleine, festkochende Kartoffeln

Die Kräuter mit der sauren Sahne, Schmand oder Crème fraîche pürieren. Die Eier hart kochen, abschrecken und pellen. 3 Eier fein würfeln und zur Sahne geben, die restlichen beiseitestellen. Die Sauce mit Zitronensaft, Senf, Salz und Pfeffer abschmecken und 2 Stunden im Kühlschrank durchziehen lassen.

Die Kartoffeln gründlich abbürsten und mit der Schale in Salzwasser in etwa 20 Minuten gar kochen. Die restlichen Eier halbieren und mit der Grünen Sauce zu den heißen Pellkartoffeln reichen.

Vorbereitung • 15 Minuten + 2 Stunden Kühlzeit **Zubereitung** • 20 Minuten **Küchentipp** • Wird ein Teil des Schmands durch Joghurt ersetzt, wird die Grüne Sauce leichter.

Melissefalafel mit Zitronenjoghurt

Für 4 Personen

1 Dose	Kichererbsen (290 g Abtropfgewicht)
3	Knoblauchzehen
1 Bund	Zitronenmelisse
1 TL	edelsüßes Paprikapulver
2 TL	gemahlene Kurkuma
6 EL	Weizenvollkornmehl
	Salz
	Pflanzenöl zum Frittieren
1	Bio-Zitrone
150 g	Naturjoghurt
	Pfeffer aus der Mühle

Die Kichererbsen abgießen, abtropfen lassen und fein pürieren. Die Knoblauchzehen schälen und dazupressen, die Zitronenmelisse fein hacken und zugeben. Paprika, Kurkuma und Mehl unterrühren, den Teig mit Salz abschmecken.

Das Öl erhitzen (wenn sich an einem hölzernen Kochlöffelstiel Bläschen bilden, ist das Öl heiß genug). Bällchen von 3 cm Durchmesser aus dem Teig formen und portionsweise knusprig braun backen. Die Falafelbällchen auf einem Küchenpapier abtropfen lassen.

Etwas Schale von der Zitrone abreiben und diese dann auspressen. Den Joghurt mit dem Zitronensaft und der Schale verrühren. Mit Salz und Pfeffer abschmecken und zu den Bällchen servieren.

Vorbereitung • 10 Minuten **Zubereitung** • 10 Minuten **Küchentipp** • Der zitronig-minzige Geschmack frischer Melisse passt auch zu Fisch und Huhn und aromatisiert Essig oder Kräuterbutter.

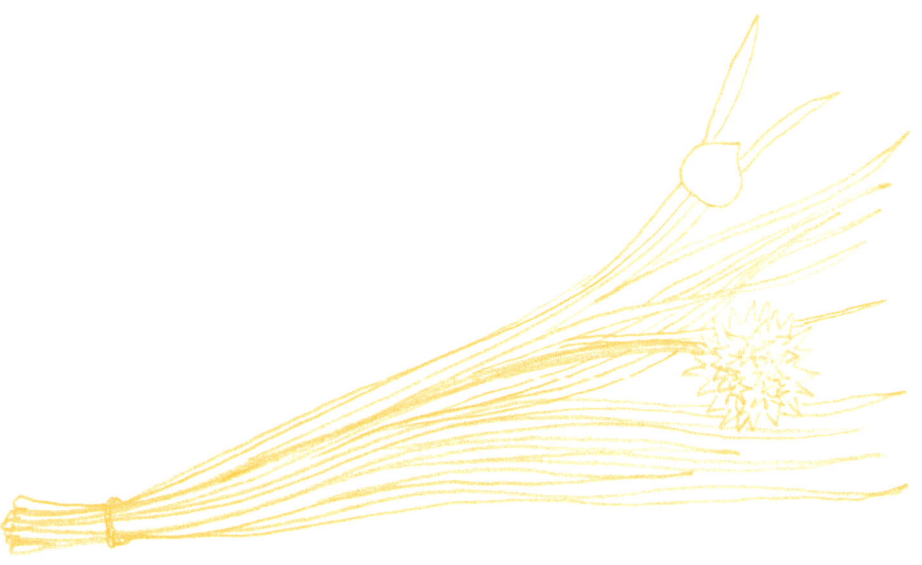

Rosmarinkartoffeln mit Schnittlauchdip

Für 4 Personen

1,2 kg	kleine oder mittel-große festkochende Kartoffeln
3–4 EL	Olivenöl
3–4 Stängel	Rosmarin
1–2 EL	Meersalz
	Pfeffer aus der Mühle
250 g	Magerquark
250 g	Sahne
2 Bund	Schnittlauch
1	Knoblauchzehe

Kartoffeln unter fließendem Wasser gut abbürsten, abtropfen lassen, ungeschält längs halbieren und auf einem geölten Backblech mit der Schnittfläche nach oben verteilen. Die Rosmarinnadeln von den Zweigen streifen und grob hacken.

Den Backofen auf bei 180 °C vorheizen. Die Kartoffeln mit reichlich Olivenöl beträufeln, mit Pfeffer und Salz würzen und mit dem Rosmarin bestreuen.

Im vorgeheizten Ofen 45 Minuten backen. Währenddessen in einer Schüssel Quark und Sahne verrühren. Den Schnittlauch in Röllchen schneiden und untermischen. Die Knoblauchzehe schälen und dazupressen, den Dip mit Salz und Pfeffer abschmecken.

Vorbereitung • 10 Minuten   **Zubereitung** • 45 Minuten   **Küchentipp** • Die Rosmarinkartoffeln schmecken pur, passen aber auch gut als Beilage zu Lammkoteletts, Hähnchen oder Steaks.

Zu Steinpilzen passen auch Rosmarin, Thymian oder Salbei, zu Champignons Schnittlauch oder Estragon. Das feine Pilzaroma sollte jedoch in keinem Fall überlagert werden.

Pfifferlinge mit Petersilie und Röstbrot

Für 4 Personen

250 g	Pfifferlinge
2	Schalotten
50 g	durchwachsener Speck
2 EL	Olivenöl
1 Bund	Frühlingszwiebeln
1 Bund	glatte Petersilie
4	Eier
4 EL	Milch
	Salz
	Pfeffer aus der Mühle
3 EL	geriebener Parmesan
4 Scheiben	Bauernbrot, geröstet

Große Pfifferlinge halbieren oder vierteln, die Schalotten schälen und fein hacken. Den Speck in sehr feine Würfel schneiden. Das Olivenöl in einer Pfanne erhitzen und Pilze, Schalotten und Speck darin glasig anschwitzen.

Die Frühlingszwiebeln in dünne Ringe schneiden, die Petersilienblätter abzupfen und hacken. In einem Gefäß die Eier mit der Milch verquirlen und mit Salz und Pfeffer würzen.

Frühlingszwiebeln zu den Pfifferlingen in die Pfanne geben, die Eiermilch darüber gießen. Mit der Gabel oder einem Holzlöffel rühren, bis die Eier stocken. Mit der Petersilie und dem Parmesan bestreuen und auf Röstbrot servieren.

Vorbereitung • 15 Minuten   **Zubereitung** • 5 Minuten   **Küchentipp** • Einem Ragout aus gemischten Pilzen gibt etwas Majoran den besonderen Pfiff.

Kräuterstrudel

Für 4 Personen

300 g	Spinat
300 g	gemischte Kräuter mit großen Blättern (Borretsch, Liebstöckel, Rucola, Brennnesselblätter)
2	Knoblauchzehen
6 EL	Olivenöl
300 g	Weizenmehl
	Salz
4 EL	geriebener Pecorino
4 EL	Ricotta

Spinat und Kräuter grob hacken. Den Knoblauch schälen und fein hacken. In einem Topf 4 EL Öl erhitzen, den Knoblauch darin anschwitzen. Dann die Kräuter zufügen und mit 1 EL Wasser zugedeckt 5 Minuten dünsten, dann abkühlen lassen.

Für den Strudelteig in einer Schüssel das Mehl mit einer Prise Salz und 2 EL Öl vermischen. Nach und nach lauwarmes Wasser hinzufügen und verkneten, bis ein glatter Teig entsteht.

Den Backofen auf 180 °C vorheizen. Aus den Kräutern die Flüssigkeit herausdrücken, dann in einer Schüssel mit dem Pecorino und dem Ricotta vermischen. Den Teig auf Backpapier ausrollen und die Kräuterfüllung darauf verteilen. Das Ganze mit Hilfe des Papiers längs zu einem Strudel aufrollen. Ein Backblech fetten, den Strudel ohne das Papier daraufsetzen und 30 Minuten im Ofen backen.

Vorbereitung • 30 Minuten   **Zubereitung** • 30 Minuten

Palbohnen mit Petersilie

Für 4 Personen

1	Möhre
1 Stück	Knollensellerie
1	Zwiebel
1 Stange	Lauch
4	Knoblauchzehen
600 g	frische Palbohnen
1	Lorbeerblatt
2 Stangen	Staudensellerie
1 Bund	Frühlingszwiebeln (oder 2 kleine)
2 Bund	glatte Petersilie
½	Zitrone
6 EL	Olivenöl
1 EL	Honig
	Salz
	Pfeffer aus der Mühle

Möhre, Sellerie und Zwiebel schälen und in kleine Stücke schneiden. Den Lauch in Ringe schneiden, den Knoblauch schälen. In einem Topf 1 l Wasser zum Kochen bringen und darin die Bohnen, das Gemüse, Lorbeerblatt und 2 Knoblauchzehen 30 Minuten garen.

Währenddessen den Staudensellerie in feine Würfel, die Frühlingszwiebeln in feine Röllchen schneiden. Petersilienblättchen abzupfen und fein hacken. Die Bohnen abgießen, dabei etwas von der Gemüsebrühe auffangen, Lorbeer und Knoblauch entfernen. Dann alle frischen Zutaten unter die Bohnen mischen.

Die halbe Zitrone auspressen und den restlichen Knoblauch durchpressen. Aus Zitronensaft, Olivenöl, Honig, Salz, Pfeffer und dem Knoblauch eine Vinaigrette anrühren. Mit etwas Kochflüssigkeit mischen und über die warmen Bohnen geben, sofort servieren.

Vorbereitung • 15 Minuten   **Zubereitung** • 30 Minuten   **Küchentipp** • Getrocknete Bohnen 6–8 Stunden in kaltem Wasser einweichen und 1–2 Stunden vorkochen. Frische Bohnen werden in 30 Minuten zusammen mit dem Gemüse gar.

Gegrillter Spargel mit Kräutermayonnaise

Für 4 Personen als Vorspeise

500 g	weißer Spargel
500 g	grüner Spargel
2	Eigelb (raumtemperiert)
	Salz
2–4 EL	Zitronensaft
1 TL	Senf
250 ml	Pflanzenöl
1	Knoblauchzehe
2 Bund	gemischte Kräuter (glatte Petersilie, Sauerampfer, Kerbel, Estragon)
6 EL	Naturjoghurt
	Pfeffer aus der Mühle

Den weißen Spargel schälen, den grünen nur im unteren Drittel schälen und die holzigen Enden abschneiden.

Eigelbe mit etwas Salz schaumig rühren, 1 EL Zitronensaft und Senf zugeben. Unter Rühren das Öl erst tropfenweise, dann in einem dünnen Strahl zufügen.

Knoblauchzehe schälen und in die Mayonnaise pressen. Die frischen Kräuter fein hacken und mit dem Joghurt ebenfalls untermischen. Mit dem restlichen Zitronensaft (nach Belieben) sowie mit Salz und Pfeffer abschmecken und kalt stellen.

In einem großen Topf etwas gesalzenes Wasser erhitzen und den weißen Spargel 5 Minuten vorgaren, dann gut abtropfen lassen. Eine Grillpfanne mit Öl einpinseln und erhitzen. Wenn sie sehr heiß ist, den grünen und den weißen Spargel hineinlegen und je nach Dicke 5–6 Minuten grillen, bis er etwas gebräunt und bissfest ist. Zwischendurch einmal wenden.

Den Spargel auf Tellern anrichten, dazu die Kräutermayonnaise servieren.

Vorbereitung • 30 Minuten   **Zubereitung** • 15 Minuten

Schnittlauch-Rahmkuchen

Für eine Springform (26 cm Ø)

200 g	Weizenmehl
1 TL	Salz
60 g	weiche Butter
100 ml	Milch
100 g	Sahne
400 g	saure Sahne
3	Eigelb
2 Bund	Schnittlauch

In einer Schüssel Mehl, ½ TL Salz, die Butter in Flöckchen und die Milch zu einem glatten Teig verkneten und diesen 30 Minuten kühl stellen.

Für den Belag Sahne, saure Sahne, Eigelbe und das restliche Salz verquirlen. Den Schnittlauch in Röllchen schneiden und unter die Eigelb-Sahne rühren.

Den Backofen auf 200 °C vorheizen, die Springform fetten. Den Teig auf einer bemehlten Arbeitsfläche zu einem Kreis – mit einem etwas größeren Durchmesser als die Form – ausrollen. Die Springform damit auslegen, dabei einen Rand formen und den Boden mehrmals mit einer Gabel einstechen. Den Boden im Backofen 10 Minuten vorbacken. Den Backofen nicht ausschalten. Eigelb-Sahne auf dem Boden verteilen und den Kuchen in 25 Minuten fertig backen.

Vorbereitung • 15 Minuten + 30 Minuten Kühlzeit   **Zubereitung** • 35 Minuten   **Küchentipp** • Der Teig kann auch mit Dinkelmehl zubereitet werden (Type 630 oder 1050).

Kräuterquiche mit Erbsen

Für 1 Springform (26 cm ø)

200 g	Weizenmehl
20 g	Trockenhefe
3	Eier
	Salz
3 EL	Olivenöl
400 g	frische Erbsen
1 TL	Butter
1 Bund	Frühlingszwiebeln
250 g	Magerquark
200 ml	Milch
4 EL	frisch geriebener Parmesan
6 EL	frische gehackte Kräuter (Kerbel, Dill, Petersilie, Schnittlauch, Basilikum, Majoran, Oregano)
	Salz
	Pfeffer aus der Mühle

Das Mehl in eine Schüssel geben, Hefe, 1 Ei, Salz, Olivenöl und etwas lauwarmes Wasser zugeben und einen weichen Teig aus den Zutaten kneten. Schüssel zugedeckt an einen warmen Ort stellen und 10 Minuten gehen lassen.

Die Erbsen enthülsen und in etwas Butter und wenig Wasser 10 Minuten dünsten, dann in einem Sieb abtropfen lassen.

Die Frühlingszwiebeln in Ringe schneiden. In einer Schüssel Quark und 2 Eier gut miteinander vermengen, nach und nach die Milch zugeben. Die Erbsen, den Parmesan, Frühlingszwiebeln, Kräuter, Salz und Pfeffer hinzufügen und gut verrühren.

Den Backofen auf 180 °C vorheizen, die Springform fetten. Den Teig nochmals durchkneten und zu einem Kreis – mit einem etwas größeren Durchmesser als die Form – ausrollen. Die Springform damit auslegen, dabei einen Rand formen. Die Füllung auf dem Teig verteilen und in 35–45 Minuten goldbraun backen.

Vorbereitung • 20 Minuten + 10 Minuten Gehzeit   **Zubereitung** • 35–45 Minuten

Dillgurken und Knoblauch eingelegt

**Für 4 Twist-off- oder Weckgläser
mit je 1 l Fassungsvermögen**

1 kg	frischer Knoblauch
1 kg	Einlegegurken
4 EL	Zucker
1 l	Weißweinessig
2 TL	Salz
20	Pfefferkörner
	Olivenöl nach Bedarf

Gewürze für den Knoblauch:

2	rote Chilischoten
8	Gewürznelken
2	Lorbeerblätter
8	Stängel Thymian

Gewürze für die Gurken:

1 Bund	Dill
20	Senfkörner

Den Knoblauch in Zehen zerlegen und schälen. Große Gurken in grobe Stücke schneiden, wenn sie nicht im Ganzen ins Glas passen. Die Gurken mit Dill und Senfkörnern in 2 große Einmachgläser schichten.

In einem großen Topf 1 l Wasser, Zucker, Weißweinessig, Salz und Pfeffer aufkochen, bis sich der Zucker aufgelöst hat. Die beiden Gurkengläser mit der Hälfte des heißen Suds auffüllen, verschließen und im Einmachtopf bei 90 °C 10 Minuten kochen. Vor dem Herausnehmen 1 Stunde abkühlen lassen.

In der anderen Hälfte des Suds den Knoblauch 3 Minuten kochen, abkühlen lassen und mit den Gewürzen und Kräutern in die anderen beiden Gläser füllen. Den Sud nochmal aufkochen und hineingießen. Abkühlen lassen, mit Olivenöl abdecken und verschließen.

Vorbereitung • 40 Minuten **Zubereitung** • 10 Minuten

Das übrig gebliebene Öl lässt sich gut für Salatsaucen verwenden.

Schafskäse in Kräuteröl

Für 4 Personen

200 g	Schafskäse
2	Schalotten
2	Knoblauchzehen
1	Chilischote
1 Zweig	Thymian
1 Zweig	Rosmarin
2	Lorbeerblätter
1 EL	rosa Pfeffer
1 TL	schwarze Pfefferkörner
250 ml	Olivenöl

Den Schafskäse in nicht zu kleine Würfel schneiden, Schalotten schälen und in Ringe schneiden, Knoblauch schälen und halbieren.

Mit der Chilischote, Kräutern und Gewürzen in ein verschließbares Glas schichten und mit Olivenöl aufgießen, sodass alle Zutaten gut bedeckt sind.

Ohne Kräuter und Chili auf Teller verteilen. Mit Schnittlauchröllchen und Blüten anrichten und Röstbrot dazu servieren.

Zubereitung · 15 Minuten + Zeit zum Ziehen   **Küchentipp** · Der eingelegte Schafskäse sollte mindestens 3 Tage im Kühlschrank ziehen.

Thymian-Tomatensauce auf Vorrat

Für 3 Weckgläser mit je 500 ml
Fassungsvermögen

2 kg	sehr reife Tomaten
200 g	Zwiebeln
3	Knoblauchzehen
100 ml	Olivenöl
100 g	Tomatenmark
1 EL	Zucker
1 Bund	Thymian
2 Zweige	Rosmarin
1 EL	Balsamicoessig
	Salz
	Pfeffer aus der Mühle

Die Tomaten auf der Unterseite mit einem scharfen Küchenmesser kreuzweise einritzen und den Stielansatz entfernen. In kochendem Wasser kurz blanchieren, mit der Schaumkelle herausnehmen und in eine Schüssel mit kaltem Wasser geben, so lassen sie sich ganz leicht häuten. Die Zwiebeln und die Knoblauchzehen schälen und fein würfeln. Die Tomaten fein würfeln.

Olivenöl in einem großen Topf erhitzen. Zwiebeln darin bei mittlerer Hitze glasig schwitzen. Knoblauch dazugeben und 2 Minuten anschwitzen.

Tomaten, Tomatenmark und Zucker zufügen. Thymian und Rosmarin abzupfen, hacken und dazugeben. Sauce ohne Deckel 30 Minuten einkochen lassen, dabei mehrfach umrühren. Mit Balsamicoessig, Salz und Pfeffer würzen.

Sofort in 3 saubere, sterilisierte Weckgläser bis etwa 3 cm unter den Rand füllen und diese verschließen. Die Gläser so in ein tiefes Backblech stellen, dass sie sich nicht berühren, und das Blech 2–3 cm hoch mit heißem Wasser füllen.

In den kalten Backofen auf die zweite Schiene von unten schieben und die Temperatur auf 180 °C einstellen. Sobald in den Gläsern Perlen aufsteigen, auf 150 °C reduzieren und die Sauce 25 Minuten einkochen. Den Ofen ausschalten und die Gläser noch 30 Minuten darin abkühlen lassen.

Vorbereitung • 30 Minuten   **Zubereitung** • 90 Minuten   **Küchentipp** • Die Tomatensauce schmeckt auch mit anderen Mittelmeerkräutern wie Oregano oder Salbei.

Eingelegte Kirschtomaten mit Basilikum

Für 3 Twist-off- oder Weckgläser mit je 1 l Fassungsvermögen

1 kg	Kirschtomaten
1 Bund	Basilikum
4	Knoblauchzehen
500 ml	Weißweinessig
500 ml	Apfelessig
6	Lorbeerblätter
1 EL	Senfkörner
2 EL	schwarze Pfefferkörner
1 EL	Pimentkörner
1	Chilischote
2 EL	Salz
80 g	Zucker (oder 4 EL Honig)
½	Packung Einmachhilfe

Tomaten mehrfach mit einem Zahnstocher anstechen, Basilikumblätter abzupfen. Tomaten und Basilikum in saubere, sterilisierte Gläser schichten. Knoblauchzehen schälen und halbieren.

Den Weißwein- und den Apfelessig zum Kochen bringen und abschäumen. 1 l Wasser, die Knoblauchzehen, die Gewürze, die Chilischote und das Salz zufügen und aufkochen. Den Zucker oder Honig darin auflösen, vom Herd nehmen und die Einmachhilfe in der Flüssigkeit auflösen.

Den Essigsud kochend heiß über die Tomaten gießen, sodass diese mindestens 2,5 cm hoch bedeckt sind. Gläser fest verschließen.

Vorbereitung • 10 Minuten   **Zubereitung** • 10 Minuten   **Küchentipp** • Die Tomaten sollten 4–6 Wochen ziehen und kühl und dunkel aufbewahrt werden.

Rezepte mit
Fleisch & Fisch

Entenbrustsalat mit Minze, Koriander und Basilikum

Für 4 Personen

2	Entenbrüste
	Meersalz
2	kleine rote Zwiebeln
2	große rote Peperoni
4 Stängel	Koriander
4 Stängel	Minze
4 Stängel	Basilikum
8	grüne Salatblätter
1 EL	Sojasauce
2 EL	Fischsauce
3 EL	Limettensaft
2 EL	brauner Zucker

Die Haut der Entenbrust rautenförmig einschneiden und kräftig salzen. Das Fleisch mit der Hautseite in eine kalte Pfanne legen und bei niedriger Hitze etwa 20 Minuten garen. Währenddessen mehrmals das heiße, austretende Fett mit Hilfe eines Löffels über das Fleisch gießen. Das gegarte Fleisch 5 Minuten ruhen lassen, dann dünn aufschneiden.

Währenddessen Zwiebeln schälen und in feine Spalten schneiden. Peperoni entkernen und in lange, dünne Streifen schneiden. Von den Kräutern die Blätter abzupfen und alles mit den Salatblättern in einer Schüssel mischen.

Sojasauce, Fischsauce, Limettensaft und Zucker zu einem Dressing verrühren. Das Fleisch unter den Salat heben und das Dressing darüber verteilen. Sofort servieren.

Vorbereitung • 5 Minuten   **Zubereitung** • 20 Minuten + 5 Minuten Ruhezeit

Petersilien-Zitronen-Huhn

Für 4 Personen

1 Bund	glatte Petersilie
2 TL	schwarzer Pfeffer
2	Bio-Zitronen
60 g	weiche Butter
2 TL	Meersalz
4	Zwiebeln
1	küchenfertiges Hähnchen
500 ml	Gemüsebrühe

Die Petersilienblätter abzupfen und fein hacken. Den Pfeffer im Mörser grob zerstoßen. Die Schale der Zitronen abreiben. In einer kleinen Schüssel Butter, Zitronenschale, Petersilie, Salz und Pfeffer vermischen und die Butter kühlstellen.

Den Backofen auf 180 °C vorheizen. Die Zwiebeln schälen und halbieren, die beiden Zitronen ebenfalls halbieren. Die Petersilienbutter in Scheiben schneiden. Das Huhn säubern, die Haut an Brust und Keulen jeweils etwas einschneiden und vorsichtig die Butter unter die Hühnerhaut schieben. Das Huhn in einem Bräter platzieren, rundherum die halbierten Zwiebeln und Zitronenhälften anrichten.

Das Huhn etwa 1 Stunde im Ofen garen und nach etwa 30 Minuten die Brühe angießen.

Vorbereitung • 15 Minuten + Kühlzeit **Zubereitung** • 1 Stunde **Küchentipp** • Aromatisch ist auch ein Lorbeerhuhn. Dafür frische Lorbeerblätter unter die Haut schieben und das Brathuhn mit zerlassener Butter, gewürzt mit Cayennepfeffer, bepinseln.

Hähnchenbrust mit Petersilien-Gremolata

Für 4 Personen

2	Knoblauchzehen
1 Bund	glatte Petersilie
1	Bio-Zitrone
1	Bio-Orange
2 EL	Olivenöl
2 EL	Ahornsirup (alternativ Wald- oder Macchia-Honig)
1	Bio-Limette
2	Hähnchenbrustfilets Pfeffer aus der Mühle
1 TL	Cayennepfeffer
1 EL	Butter grobes Meersalz

Für die Gremolata Knoblauchzehen schälen, Petersilienblätter abzupfen und beides fein hacken. Von Zitrone und Orange die Hälfte der Schale fein abreiben und mit Petersilie, Knoblauch und dem Öl mischen.

In einem kleinen Topf 2 EL Ahornsirup oder sehr würzigen dunklen Honig leicht erhitzen und die Schale einer Limette hineinreiben. Dann die Limette auspressen, den Saft in den Topf geben, kurz erhitzen und vom Herd nehmen.

Den Backofen auf 180 °C vorheizen. Die Hähnchenbrustfilets pfeffern, mit etwas Cayennepfeffer würzen und in einer Pfanne in der Butter auf beiden Seiten anbraten. Das Fleisch mit dem Limetten-Ahornsirup übergießen und darin wenden. In eine feuerfeste Auflaufform geben, mit Meersalz bestreuen und 10 Minuten im Backofen garen. Die Brüste dabei mehrmals mit etwas Sirup beträufeln.

Vor dem Servieren mit der Gremolata bestreuen. Dazu passen Salat und Baguette oder geschmortes Gemüse (Paprika, Tomaten, Zucchini) und Tagliatelle.

Vorbereitung • 20 Minuten   **Zubereitung** • 15 Minuten   **Küchentipp** • Zitronen-Gremolata verfeinert Kalbsgulasch und Lammkeule, Orangen-Gremolata gehört traditionell zu Ossobuco.

Rosmarinkaninchen mit gebackenem Kürbis

Für 2 Personen

400 g	Hokkaido-Kürbis
30 g	weiche Butter
1 TL	Meersalz
1 EL	brauner Zucker
1 TL	schwarze Pfefferkörner
2 Stängel	Rosmarin
2	Kaninchenkeulen
2 Scheiben	Parmaschinken
1 EL	Olivenöl

Den Backofen auf 180 °C vorheizen. Den Kürbis entkernen und in Spalten schneiden, mit Butter, ½ TL Salz und Zucker vermischen und auf ein mit Backpapier belegtes Blech geben.

Den Pfeffer im Mörser grob zerstoßen. Die Rosmarinnadeln gegen die Wuchsrichtung von den Stängeln streifen, hacken und mit ½ TL Salz und dem Pfeffer vermischen.

Die Kaninchenkeulen auf beiden Seiten mit der Kräutermischung bestreuen. Jede Keule in eine Scheibe Parmaschinken wickeln. In einer Pfanne das Olivenöl erhitzen und das Fleisch rundherum darin anbraten.

Die Keulen zum Kürbis auf das Blech legen und alles 45 Minuten im Ofen garen.

Vorbereitung • 15 Minuten **Zubereitung** • 50 Minuten **Küchentipp** • Auch Estragon passt gut zu Kaninchen, am besten in Kombination mit Senf in einer Weißwein-Sahne-Sauce.

Lammrücken mit Bärlauchkruste

Für 4 Personen

80 g	Weißbrot ohne Rinde
2	Knoblauchzehen
1 Bund	Bärlauch
50 g	Butter
	Salz
	Pfeffer aus der Mühle
800 g	Lammrücken
2 EL	Pflanzenöl
100 ml	Rotwein
100 ml	Lammfond
1 EL	mittelscharfer Senf

Das Weißbrot würfeln. Die Knoblauchzehen schälen. Brotwürfel, Bärlauchblätter und Knoblauch im Mixer zerkleinern. Die Butter zugeben und die Masse mit Salz und Pfeffer würzen.

Den Lammrücken mit Salz und Pfeffer einreiben. In einem Bräter das Öl erhitzen und das Fleisch darin rundherum circa 5 Minuten (rosa) anbraten. Den Lammrücken aus dem Bräter heben, in Alufolie einschlagen und 5 Minuten ruhen lassen. Das Bratenfett abgießen. Den Bratensatz mit dem Rotwein ablöschen und mit dem Lammfond auffüllen. Alles gut verrühren und die Sauce etwas einkochen lassen. Mit Salz und Pfeffer abschmecken.

Den Lammrücken aus der Folie nehmen und den Bratensaft in die Sauce rühren. Eine Seite des Rückens mit Senf bestreichen und die Bärlauchmasse darauf verteilen. Unter dem Backofengrill goldbraun überbacken und mit der Sauce servieren.

Vorbereitung • 10 Minuten **Zubereitung** • 15 Minuten

Lorbeer-Lamm-Spieße

Für 4 Personen

120 ml	Olivenöl
1 TL	grobes Meersalz
	Pfeffer aus der Mühle
2	Knoblauchzehen
700 g	Lammkeule, ausgelöst
2	Zitronen
24	Cocktailtomaten
1 Handvoll	Lorbeerblätter
4	Grillspieße

Für die Marinade Öl, Salz und Pfeffer in einer kleinen Schüssel verquirlen. Den Knoblauch schälen und hineinpressen. Das Lammfleisch in 4 cm große Würfel schneiden, die Zitronen in 3 x 3 cm große Stücke schneiden.

Lamm, Zitronen, Tomaten und Lorbeer abwechselnd auf die Spieße ziehen. Die Spieße in ein flaches Gefäß legen und mit der Marinade übergießen. Abdecken und 3–4 Stunden kalt stellen, zwischendurch mindestens einmal wenden. Vor dem Grillen 20–30 Minuten Zimmertemperatur annehmen lassen.

Den Backofengrill auf die höchste Stufe stellen. Die Fleischspieße aus der Marinade nehmen, auf ein Blech legen und grillen, bis das Fleisch den gewünschten Gargrad erreicht hat (6–7 Minuten rosa). Gelegentlich wenden.

Vorbereitung • 15 Minuten + 4 Stunden Ruhezeit   **Zubereitung** • 10 Minuten

Kalbsschnitzel mit Basilikumpanade

Für 2 Personen

4	dünne Kalbsschnitzel (à 100–125 g)
	Salz
	Pfeffer aus der Mühle
½ Bund	Basilikum
6 EL	Semmelbrösel
2 EL	Weizenmehl
2	Eier
100 g	Butterschmalz
1	Zitrone

Die Schnitzel mit Küchenpapier trocken tupfen und mit dem Fleischbeil leicht klopfen, dann mit Salz und Pfeffer würzen.

Basilikumblätter abzupfen und mit den Semmelbröseln mischen. Auf einen zweiten Teller das Mehl geben, auf einem dritten mit einer Gabel die Eier verquirlen.

Zuerst die Schnitzel in Mehl, dann in Ei und zuletzt in den Semmelbröseln wenden, bis sie vollständig davon bedeckt sind. Butterschmalz in einer Pfanne erhitzen und die Schnitzel darin bei mittlerer Hitze auf beiden Seiten goldgelb braten. Zitrone in Scheiben schneiden und zum Fleisch servieren.

Vorbereitung • 10 Minuten   **Zubereitung** • 10 Minuten   **Küchentipp** • Auch aus fein gehackter Petersilie, Thymianblättchen und Semmelbröseln kann Panade zubereitet werden.

> *Um Schnitzel zu braten, sollte das Fett nur leicht brutzeln. Ist es zu kalt, trocknet das Fleisch aus. Ist das Fett zu heiß, wird es zäh und die Panade verbrennt leicht.*

Salbeischnitzel

Für 4 Personen

4	dünne Kalbsschnitzel (à 120 g)
4 Scheiben	roher Schinken (San Daniele oder Parma)
16	Salbeiblätter
	Salz
	Pfeffer aus der Mühle
2 EL	Weizenmehl
1 EL	Butter
4 EL	Olivenöl
100 ml	Marsala
12	Zahnstocher

Die Kalbsschnitzel mit Küchenpapier trocken tupfen, halbieren und mit dem Fleischbeil leicht klopfen. Die Schinkenscheiben halbieren. Die Schnitzel salzen und pfeffern, mit jeweils einer Scheibe rohem Schinken und zwei Salbeiblättern belegen. Alles mit einem Zahnstocher fixieren. Mit dem Mehl bestäuben.

In einer Pfanne Butter und Olivenöl zerlassen und die Schnitzel darin von beiden Seiten anbraten. Das Fleisch aus der Pfanne nehmen und warm stellen. Den Marsala in die Pfanne gießen und den Bratensatz damit ablöschen. Zum Schluss die Salbeischnitzel noch einmal in die Pfanne geben und zwei Minuten darin erhitzen.

Vorbereitung • 10 Minuten   **Zubereitung** • 10 Minuten   **Küchentipp** • Statt mit Marsala den Bratensatz mit Weißwein ablöschen.

Thymian-Puten-Frikadellen

Für 4 Personen

400 g	Putenbrust
1	Brötchen
1	Zwiebel
1	Knoblauchzehe
½ Bund	Thymian
1 TL	Senf
1	Ei
	Salz
	Pfeffer aus der Mühle
1 TL	Currypulver
2–3 EL	Semmelbrösel
3 EL	Pflanzenöl

Die Putenbrust mit einem großen Messer fein würfeln. Das Brötchen in etwas Wasser einweichen und danach gut ausdrücken. Zwiebel und Knoblauchzehe schälen und fein würfeln. Vom Thymian die Blättchen abstreifen und fein hacken.

In einer Schüssel das gehackte Fleisch, Brötchen, Senf und Ei mit einer Gabel gut vermengen. Zwiebel, Knoblauch und Gewürze hinzufügen und alles zu einer geschmeidigen Masse verkneten. Pikant abschmecken.

Aus der Masse runde Frikadellen formen. In den Semmelbröseln wälzen und diese leicht andrücken. Das Öl in der Pfanne erhitzen und die Frikadellen darin von jeder Seite 3–4 Minuten braten.

Vorbereitung • 20 Minuten   **Zubereitung** • 10 Minuten   **Küchentipp** • In der Kombination mit zerstoßenen Fenchelsamen, fein gehackter Petersilie und Zitronensaft passt Thymian auch gut zu Fisch.

Würzkräuter für Suppen, Saucen und Braten

Neben den Alltagskräutern gibt es in unserer Küche eine ganze Reihe heimischer Kräuter, die vor allem beim Kochen und Schmoren zum Einsatz kommen. Sie zeichnen sich durch eigenwillige Aromen aus und haben im Mittelalter die teuren Gewürze ersetzt. Bis auf Lorbeerblatt und Bohnenkraut sind sie heute wenig bekannt und können in der Regel nicht frisch im Supermarkt gekauft werden.

Beifuß ist ein Wermutgewächs, dessen Blütenrispen ein ›Muss‹ zu Enten- und Gänsebraten sind. Er harmoniert zudem mit deftigen Gemüse- und Pilzgerichten. Beim *Bohnenkraut* ist der Name Programm: Es passt zu allen Hülsenfrüchten sowie zu Kohl- und Kartoffelspeisen, macht sich aber auch gehackt im Tomatensalat gut. Experimentierfreude ist gefragt. *Liebstöckel* erinnert im Aroma an die Suppenwürze Maggi, es passt in alle Suppen und Eintöpfe und ist Bestandteil des Suppengrüns. *Lorbeerblätter* werden in der ganzen Welt zum Aromatisieren von Saucen verwendet. Sie gehören in die Tomatensauce oder Hühnersuppe genauso wie in indische Currys. Die feinen Fiederblättchen der *Pimpinelle* sollten nicht erhitzt werden. Sie schmecken leicht nussig und nach Gurke, passen zu Salat und Quark. Mit *Weinraute* wurde früher Honigwein aromatisiert, daher der Name. Ihre Blätter schmecken sehr eigenwillig und kräftig, man verwendet sie sparsam für Aal-, Karpfen- und Wildgerichte. *Ysop* ist als Lippenblütler mit Salbei und Minze verwandt und kann Kartoffeln, Hülsenfrüchte und Schmorgerichte würzen. Er gibt auch dem Likör Chartreuse seinen Geschmack.

Knuspriger Schweinebauch mit Salbei

Für 4 Personen

3 Knollen	Knoblauch
1,5 kg	Schweinebauch mit Knochen
3 EL	Olivenöl
50 g	Meersalzflocken
1 l	Gemüsebrühe
3 Bund	Salbei

Den Backofen auf 160 °C vorheizen. Die Knoblauchknollen ungeschält quer halbieren und in eine Auflaufform geben. Den Schweinebauch mit Öl bestreichen und mit Salz einreiben, dann mit der Hautseite nach unten in die Form geben. Die Brühe angießen.

Im Ofen 3 Stunden schmoren. Die Salbeiblätter abzupfen. Die Temperatur auf 180 °C erhöhen, das Fleisch wenden, den Salbei hinzufügen und weitere 30 Minuten garen.

Vorbereitung • 10 Minuten   **Zubereitung** • 3 Stunden + 30 Minuten   **Küchentipp** • Aus Salbei kann mit Knoblauch, gehackter glatter Petersilie, Thymian, Pfeffer, Butter und etwas Olivenöl eine aromatische Würzpaste für Geflügelbrust hergestellt werden: Einfach damit bestreichen und im Ofen garen.

Rinderstreifen in Majoransauce

Für 4 Personen

600 g	Rindersteak
1 Bund	Majoran
2 EL	Pflanzenöl
125 ml	Weißwein
125 g	Sahne
	Salz
	Pfeffer aus der Mühle

Das Rindfleisch in Streifen schneiden. Majoranblätter abzupfen.

In einer Pfanne das Öl erhitzen und das Fleisch von allen Seiten ganz kurz anbraten. Majoran zum Fleisch geben, 1–2 Minuten weiter braten. Das Fleisch aus der Pfanne nehmen, mit dem Wein den Bratensatz ablösen und etwas einkochen lassen. Die Sahne zugeben, erhitzen (aber nicht mehr kochen), mit Salz und Pfeffer abschmecken.

Vor dem Servieren das Fleisch noch einmal kurz in der Sauce ziehen lassen.

Vorbereitung • 10 Minuten **Zubereitung** • 15 Minuten **Küchentipp** • Majoran eignet sich hervorragend zum Würzen und Marinieren von Fleisch, Suppen und Eintöpfen.

Majoran-Ochsenschwanz-Ragout

Für 4 Personen

1	kleine Zwiebel
1	Möhre
2 Stangen	Staudensellerie
100 g	durchwachsener Speck
100 ml	Olivenöl
3	Lorbeerblätter
1 EL	fein gehackte, glatte Petersilie
1	Ochsenschwanz, in Stücke geschnitten
	Meersalz
	Pfeffer aus der Mühle
50 ml	Weißwein
1 Dose	Tomaten (400 g)
5 Stängel	Majoran
400 g	Pappardelle

Die Zwiebel schälen und würfeln. Die Möhre, den Staudensellerie und den Speck ebenfalls fein würfeln. Das Öl bei mittlerer Hitze in einer hohen Pfanne mit schwerem Boden erhitzen und die Speck- und Gemüsewürfel mit Lorbeer und Petersilie darin 6–8 Minuten anschwitzen. Die Ochsenschwanzstücke hinzufügen und rundherum bräunen. Mit Salz und Pfeffer würzen, den Wein zugeben und kurz aufkochen. Tomaten und Majoran hinzufügen und das Ganze etwa 2 Stunden bei geringer Hitze garen, bis sich das Fleisch vom Knochen löst. Dabei regelmäßig umrühren und gegebenenfalls etwas Wasser hinzufügen.

Die Sauce vom Herd nehmen, den Majoran entfernen und den Ochsenschwanz in einer Schüssel etwas abkühlen lassen. Das Fleisch vom Knochen lösen, wieder in die Sauce geben und nochmals 15 Minuten bei geringer Hitze köcheln lassen.

Die Pappardelle nach Packungsanweisung in reichlich Salzwasser kochen. Abgießen und dabei etwas Kochwasser auffangen. Die Sauce mit 1–2 EL Nudelwasser mischen und mit den Nudeln servieren.

Vorbereitung · 15 Minuten   **Zubereitung** · 2 Stunden 15 Minuten

Kräuternudeln mit Rotbarbenfilets

Für 4 Personen

1	Bio-Zitrone
	Salz
	Pfeffer aus der Mühle
	Zucker
8 EL	Olivenöl
½ Bund	Minze
2	Knoblauchzehen
1 Bund	Rucola
200 g	Cocktailtomaten
500 g	frische Bandnudeln (aus der Kühltheke)
400 g	Rotbarbenfilets

Von der Zitrone die Schale abreiben und den Saft auspressen. In einer großen Schüssel Saft und Schale mit Salz, reichlich Pfeffer und 1 Prise Zucker verrühren. Mit 6 EL Olivenöl cremig aufschlagen. Die Minzblätter abzupfen und fein schneiden. Den Knoblauch schälen und fein hacken. Rucola in 1–2 cm große Stücke schneiden. Die Tomaten halbieren.

Die Nudeln nach Packungsangabe bissfest garen. Übriges Öl in einer Pfanne erhitzen. Rotbarbenfilets salzen und darin auf der Hautseite 1 Minute bei mittlerer Hitze anbraten. Knoblauch, Minze und Cocktailtomaten dazugeben, die Fischfilets wenden und die Pfanne nach 30 Sekunden vom Herd nehmen. Die Rotbarben herausnehmen.

Die Nudeln in der Pfanne schwenken, mit dem Rucola in die Schüssel mit der Zitronensauce geben und gut mischen. Auf vorgewärmte Teller verteilen und die Filets im Ganzen auf den Nudeln anrichten.

Vorbereitung • 15 Minuten   **Zubereitung** • 5 Minuten

Forellenmousse mit Dill

Für 4 Personen

1 Bund	Dill
200 g	geräucherte Forellenfilets
	Salz
	Pfeffer aus der Mühle
1 EL	Sahnemeerrettich
2 EL	Naturjoghurt
1 EL	Zitronensaft
100 g	gut gekühlte Sahne
2 Handvoll	gemischte Salatblätter
1 EL	rosa Pfeffer

Etwas Dill für die Garnitur zurückbehalten, den Rest fein hacken.

Die Forellenfilets mit Dill, Salz, Pfeffer, Sahnemeerrettich, Joghurt und Zitronensaft im Mixer pürieren. Die Sahne steif schlagen. Die Forellenmasse nach und nach vorsichtig untermischen.

4 Stunden kühl stellen. Die Salatblätter auf 4 Tellern verteilen, mit 2 Esslöffeln von der Forellenmousse Nocken abstechen, auf dem Salat anrichten, mit dem restlichen Dill und etwas rosa Pfeffer garnieren.

Zubereitung • 15 Minuten + 4 Stunden Kühlzeit   **Küchentipp** • Statt mit Dill kann die Forellenmousse auch mit Kresse zubereitet werden.

Dill-Frittata mit Räucherlachs

Ergibt 6 Stück

1 Bund	Dill
2	Eier
2 EL	Sahne
1 TL	abgeriebene Zitronenschale
	Meersalz
	Pfeffer aus der Mühle
60 g	Frischkäse
1 EL	Zitronensaft
2 TL	Kapern
3 Scheiben	Räucherlachs
1	kleine rote Zwiebel

Den Ofen auf 150 °C vorheizen. 6 Tartelette-Förmchen gut fetten. Dill fein hacken. Eier, Sahne, Dill, Zitronenschale, Salz und Pfeffer in einer Schüssel verrühren.

Die Mischung (jeweils etwa 2 EL) auf die Förmchen verteilen und 6–8 Minuten im Ofen backen, bis die Masse fest ist.

Den Frischkäse mit dem Zitronensaft verrühren. Die Kapern hacken, zum Frischkäse geben und löffelweise auf den Frittatas verteilen. Die Räucherlachsscheiben halbieren und ein Stück auf jede Frittata legen. Die Zwiebel schälen, in feine Ringe schneiden und den Lachs damit garnieren.

Vorbereitung • 10 Minuten   **Zubereitung** • 10 Minuten   **Küchentipp** • Eine Petersilien-Minz-Frittata mit gebratenen Garnelen ist eine raffinierte Variante.

Vermicellisalat mit Rucola und Garnelen

Für 4 Personen

300 g	Vermicelli
je 1	milde rote, gelbe und grüne Peperoni
50 g	geröstete Erdnüsse
1 Bund	Rucola
2 EL	Pflanzenöl
360 g	Garnelen (geschält, Darmfaden entfernt)
4 EL	Limettensaft
3 EL	Fischsauce
2 EL	brauner Zucker

Die Nudeln in kochendem Salzwasser bissfest garen, abgießen und abschrecken. Die Peperoni entkernen und in feine Ringe schneiden. Die Erdnüsse grob hacken. Den Rucola von den groben Stielen befreien und klein schneiden.

In einer Pfanne das Öl erhitzen und die Garnelen kurz auf beiden Seiten anbraten. In einer Schüssel die Nudeln mit den Peperoni, Erdnüssen, Rucola und Garnelen mischen.

Limettensaft, Fischsauce und braunen Zucker zu einem Dressing verrühren, über den Salat geben und alles gut vermengen.

Vorbereitung • 10 Minuten   **Zubereitung** • 5 Minuten

Aromen für die Asia-Küche

Wer asiatisch kochen möchte, kommt mit den mitteleuropäischen Küchenkräutern nicht aus. Für alle im Folgenden besprochenen Würzkräuter gilt, dass sie getrocknet ihren typischen Geschmack einbüßen. Deswegen lieber frisch verwenden. Man kann sie in Asialäden oder gut sortierten Supermärkten kaufen.

Curryblätter werden hauptsächlich in der südindischen Küche verwendet, haben jedoch mit Currypulver rein gar nichts zu tun. Es handelt sich dabei um die Blätter des Currybaums, die sich durch ein kräftiges, herb-süßes Aroma auszeichnen und vielen vegetarischen Currys ihren typischen Geschmack geben.

Kaffirlimettenblätter sind aus der Küche Thailands, Malaysias und Indonesiens nicht wegzudenken. Sie werden mit den übrigen Zutaten gekocht oder gebraten und geben dabei ihr leicht scharfes und zitroniges Aroma ab.

Thai-Basilikum ist ein Oberbegriff für verschiedene Basilikumarten, die mit unserem Basilikum eng verwandt sind. In der Thai-Küche werden hauptsächlich das Anisbasilikum (Horapa), das Zitronenbasilikum mit behaarten Blättchen (Maenglak) und das rote Basilikum (Krapao) mit leichter Schärfe und Pimentaroma verwendet.

Zitronengras ist ein Süßgras, das nur in den Tropen Asiens und Südamerikas wächst. Seine schmalen Blätter werden für Kräutertees verarbeitet, für Küchenzwecke nimmt man nur die festen Stiele. Damit sie ihr ätherisches Öl mit dem typischen Zitronenduft an die Speisen abgeben können, muss man sie vor dem Weiterverarbeiten mit einem schweren Messer etwas platt klopfen.

Zander in Kräuterkruste

Für 4 Personen

4	Zanderfilets (à 180 g)
60 g	Butter, plus mehr für die Form
2 EL	Semmelbrösel
1 EL	geriebener Parmesan
1 EL	gehackte Petersilie
1 EL	gehackter Dill
2 EL	gehacktes Basilikum
1 EL	gehackter Kerbel
	Salz
	Pfeffer aus der Mühle
2 EL	Zitronensaft

Die Fischfilets mit einer Pinzette von den sichtbaren Gräten befreien. In einer Schüssel die Butter schaumig rühren, Semmelbrösel, Parmesan und gehackte Kräuter untermischen. Die Masse mit etwas Pfeffer würzen. Zanderfilets von beiden Seiten salzen und mit dem Zitronensaft beträufeln.

Den Backofengrill vorheizen. Den Fisch in eine gebutterte ofenfeste Form legen, gleichmäßig mit der Kräuterbuttermasse bestreichen und für 6–8 Minuten unter den Grill schieben.

Den Zander auf vorgewärmten Tellern anrichten. Dazu passen grüne Bohnen, Brokkoli oder Blumenkohl in Sahnesauce.

Vorbereitung · 10 Minuten   **Zubereitung** · 10 Minuten   **Küchentipp** · Alternativ das Fischfilet nacheinander in Mehl, verquirltem Ei und der Kräutermasse wenden. Gut andrücken und in einer Pfanne mit heißem Öl von beiden Seiten goldbraun braten.

Wolfsbarsch mit Kräuterfüllung

Für 2 Personen

2	Wolfsbarsche (à 350 g), küchenfertig vorbereitet
	Meersalz
	Pfeffer aus der Mühle
1	Knoblauchzehe
2 Handvoll	gemischte Kräuter
1 TL	Fenchelsamen
1	rote Zwiebel
1	Möhre
1	Fenchelknolle
1	Stange Lauch
1	Bio-Zitrone
2-4	Chili
5 EL	Olivenöl
125 ml	Fischfond

Den Backofen auf 220 °C vorheizen. Den Fisch außen und innen mit Salz und Pfeffer würzen. Die Knoblauchzehe schälen und halbieren. Die Bauchhöhlen der Fische mit den Kräutern (beispielsweise Petersilie, Dill, Thymian und Lorbeerblätter), den Fenchelsamen und je einer halben Knoblauchzehe füllen.

Die Zwiebel und die Möhre schälen und in feine Ringe bzw. Scheiben schneiden. Die Fenchelknolle fein hobeln, den Lauch in dünne Ringe schneiden.

Das Gemüse in eine große Auflaufform geben, mit Salz und Pfeffer würzen und die Fische darauflegen. Die Zitrone in Scheiben schneiden und auf den Fischen verteilen. Alles mit Olivenöl beträufeln (nach Belieben noch Chilischoten zufügen), den Fischfond angießen und alles auf der mittleren Schiene im Ofen 40 Minuten garen.

Vorbereitung • 15 Minuten   **Zubereitung** • 40 Minuten   **Küchentipp** • Eine asiatische Note erhält der Fisch, wenn man ihn mit Zitronengras würzt.

Saibling auf Brunnenkressepüree

Für 2 Personen

2	Scheiben Toastbrot
80 g	weiche Butter
2 EL	Meerrettich
	Salz
	Pfeffer aus der Mühle
200 g	mehligkochende Kartoffeln
1 Bund	Brunnenkresse
½ Bund	glatte Petersilie
75 ml	Milch
1 Prise	geriebene Muskatnuss
2	Saiblingsfilets (à 150 g) ohne Haut
1	Zitrone

Toastbrot würfeln und im Mixer zerkleinern. Die Hälfte der Butter schaumig rühren. Meerrettich und Brotkrumen unterrühren. Die Masse mit Salz und Pfeffer würzen. Zwischen zwei Lagen Küchenfolie 3–4 mm dick ausrollen. Für 2 Stunden kühl stellen.

Kartoffeln schälen, klein schneiden und in 30 Minuten gar kochen. In der Zwischenzeit die restliche Butter zerlassen, etwas abkühlen lassen und mit den Kräutern im Mixer fein pürieren. Kartoffeln noch heiß durch eine Presse drücken. Die Milch aufkochen, dazu gießen und unterrühren. Das Kräuterpüree unterheben, mit Salz und Muskat würzen.

Den Backofengrill vorheizen. Die Zitrone pressen. Die Saiblingsfilets mit Salz und etwas Zitronensaft würzen und auf ein mit Backpapier belegtes Blech legen. Die fest gewordene Meerrettichkruste auf die Größe der Filets zuschneiden, auf den Fisch legen und unter dem Grill 5–6 Minuten goldgelb gratinieren. Sofort auf dem Kressepüree anrichten.

Vorbereitung • 10 Minuten + 2 Stunden Kühlzeit   **Zubereitung** • 40 Minuten

Lachs mit Zucchini und Estragon-Gremolata

Für 4 Personen

2	Zucchini
1 Bund	Estragon
2	Knoblauchzehen
2 EL	Kapern
4 EL	Olivenöl
1 EL	fein abgeriebene Zitronenschale
	Meersalz
	Pfeffer aus der Mühle
4	Lachsfilets mit Haut (à 200 g)

Den Backofen auf 180 °C vorheizen. Die Zucchini längs halbieren, in dünne Scheiben schneiden und diese in eine ofenfeste Form schichten.

Die Estragonblätter abzupfen und fein hacken. Den Knoblauch schälen und zusammen mit den Kapern hacken. Mit dem Olivenöl und der Zitronenschale mischen und mit Salz und Pfeffer abschmecken.

Die Lachsfilets auf den Zucchini verteilen und mit der Gremolata beträufeln. 20 Minuten im heißen Ofen schmoren.

Vorbereitung • 15 Minuten   **Zubereitung** • 20 Minuten

Knuspriger Kabeljau mit Minz-Koriander-Glasur

Für 4 Personen

4	große, milde rote Peperoni
2 EL	fein geriebener Ingwer
100 g	Zucker
50 ml	Weißweinessig
2 TL	Sojasauce
4	Kabeljaufilets (à 150 g)
3 EL	Reismehl
	Pflanzenöl zum Frittieren
½ Bund	Koriander
½ Bund	Minze

Für die Glasure die Peperoni entkernen und fein hacken. Dann mit dem Ingwer, dem Zucker, dem Essig und der Sojasauce in einem Topf bei mittlerer bis hoher Hitze 3–4 Minuten kochen, bis die Flüssigkeit leicht eindickt. Beiseitestellen.

Den Fisch in grobe Stücke schneiden und im Reismehl wenden. Das Öl 1 cm hoch in eine große Pfanne geben, bei hoher Hitze den Fisch portionsweise 3 Minuten darin frittieren, dann wenden und weitere 30 Sekunden braun und knusprig anbraten.

Die Fischstücke auf Küchenpapier abtropfen lassen und anschließend auf 4 Teller verteilen. Koriander- und Minzeblätter abzupfen, hacken, in die Sauce rühren und zum Fisch servieren.

Vorbereitung • 10 Minuten   **Zubereitung** • 10 Minuten

Calamari mit Salsa verde

Für 4 Personen

500 g	Calamari-Tuben
1	Bio-Zitrone
50 ml	Olivenöl
	Meersalz
	Pfeffer aus der Mühle
1 Bund	Koriander
½ Bund	Minze
1	Knoblauchzehe
2 EL	gehackte Kapern
1 TL	Dijonsenf
6 EL	Olivenöl

Calamari halbieren. Die Schale der Zitrone abreiben. Mit Olivenöl, Zitronenschale, Salz und Pfeffer mindestens 1 Stunde marinieren.

Für die Salsa die Blätter der Kräuter abzupfen und sehr fein hacken. Die Zitrone auspressen. Den Knoblauch schälen und durchpressen. Saft mit den Kräutern, Kapern, Senf, Knoblauch und Öl vermischen und mit Salz und Pfeffer abschmecken.

Grill- oder Gusseisenpfanne erhitzen und die Calamari bei großer Hitze 1–2 Minuten auf jeder Seite anbraten. Mit der Salsa verde servieren.

Vorbereitung · 15 Minuten   **Zubereitung** · 5 Minuten   **Küchentipp** · Eine scharfe Salsa verde wird aus Knoblauch, grünen Chilischoten, Koriander, Petersilie und Zwiebel zubereitet.

Rezepte aus dem
Obstgarten

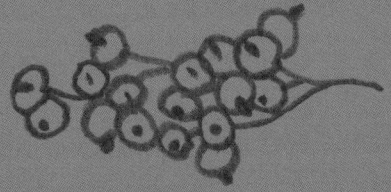

Erdbeereis mit Rucola

Für 2 Personen

150 g	Sahne
1	Zitrone
1 TL	Vanillezucker
200 g	Erdbeeren
4 EL	Honig
100 g	gut gekühlter Natur-joghurt
1 Bund	Rucola
1 Schale	Walderdbeeren

Die Sahne mit dem Vanillezucker steif schlagen und kalt stellen. Zitrone pressen. Die Erdbeeren, 3 EL Honig und 1 EL Zitronensaft mit dem Stabmixer pürieren und mit dem Joghurt vermischen.

Die Sahne unter das Beeren-Joghurt-Püree heben. Die Mischung in eine Eismaschine geben und nach Herstelleranleitung verarbeiten.

Den Rucola grob hacken und auf einen Teller geben. Die Walderdbeeren mit dem restlichen Honig und Zitronensaft marinieren.

Mit dem Eisportionierer Kugeln formen und diese im Rucola wenden. Auf Tellern anrichten und mit den Walderdbeeren servieren.

Zubereitung • 30 Minuten + Kühlzeit

Birnensorbet mit Minze

Für 4–6 Personen

800 g	reife Birnen
1	Bio-Zitrone
100 ml	Weißwein
150 g	Zucker
2 EL	Birnenschnaps
2 TL	fein geschnittene Minze

Die Birnen schälen, vom Kerngehäuse befreien und in Stücke schneiden. Die Schale der Zitrone abreiben, dann auspressen.

In einem Topf den Weißwein mit 100 ml Wasser, Zucker, Zitronenschale und -saft aufkochen und die Birnen darin 5 Minuten garen. Mit dem Stabmixer fein pürieren. Das Birnenpüree vom Herd nehmen, 5 Minuten abkühlen lassen und anschließend über einer Edelstahlschüssel durch ein grobes Sieb streichen.

Den Birnenschnaps und die Minze einrühren Ganz abkühlen lassen, dann die Schüssel in das Gefrierfach stellen und die Mischung alle 30 Minuten mit einer Gabel durchrühren.

Vorbereitung • 20 Minuten   **Zubereitung** • 4 Stunden Kühlzeit   **Küchentipp** • Doch Achtung beim Schnaps: Zu viel Alkohol hemmt den Gefriervorgang.

Minzzucker kann im Mörser aus Minzblättern und Zucker hergestellt werden. Er passt zu Fruchtdesserts, Frozen Joghurt und Obstkuchen.

Ananasgratin mit Minze und Rum

Für 4 Personen

1	Ananas
30 g	Butter
3 EL	Rum
200 g	Crème fraîche
60 g	brauner Zucker
1 EL	Minzeblättchen

Ananas schälen, vierteln, vom harten Strunk befreien und in 1 cm dicke Stücke schneiden. Eine Auflaufform buttern, die Ananasstücke darin gleichmäßig verteilen und mit dem Rum beträufeln.

Den Backofen auf 200 °C vorheizen. Die Crème fraîche auf der Ananas verteilen, mit dem Zucker bestreuen und 15–20 Minuten backen, bis der Zucker karamellisiert. Noch warm mit Minze bestreut servieren.

Vorbereitung • 10 Minuten   **Zubereitung** • 15–20 Minuten

Estragon-Quark-Mousse mit Aprikosen

Für 4 Personen

200 g	Sahne
1	Ei, getrennt
250 g	Magerquark
2 EL	Zucker
½ Bund	Estragon
1	Vanilleschote
200 g	Aprikosen
2 EL	Orangensaft
2 EL	Orangenlikör
1 Msp.	gemahlener Zimt
150 g	Cantuccini

Sahne und Eiweiß steif schlagen. Den Quark mit Eigelb und Zucker vermischen.

Die Estragonblättchen abzupfen und sehr fein hacken. Die Vanilleschote aufschlitzen und das Mark herauskratzen. Zusammen mit den Estragonblättchen zum Quark geben, Sahne und Eischnee unterheben. Die Quarkmousse kalt stellen.

Die Aprikosen vom Stein befreien, halbieren oder in kleine Stücke schneiden. Den Orangensaft mit dem Likör und dem Zimt mischen und die Aprikosen darin kurz erwärmen. Abkühlen lassen.

Die Cantuccini in einem Mörser grob zerreiben. Keksbrösel, Aprikosen und Quark abwechselnd in Gläser schichten.

Zubereitung • 20 Minuten + Kühlzeit

Basilikumeis

Für 4 Personen

3	Eigelb
3 EL	Zucker
1 Bund	Basilikum
2 TL	Zitronensaft
250 g	Sahne

Wasser in einem Topf zum Kochen bringen. Eigelb und Zucker in einer Schüssel über dem Wasserbad cremig aufschlagen. Basilikumblätter abzupfen, mit dem Zitronensaft fein pürieren und mit der Sahne vermischen. Die Masse kurz in einem Topf erhitzen.

In einer Metallschüssel mit der Eiercreme gut vermengen und unter Rühren auskühlen lassen. In den Gefrierschrank oder das Tiefkühlfach stellen. Nach 2 Stunden kräftig durchrühren, damit sich keine Kristalle bilden. Weitere 2 Stunden gefrieren lassen.

Zubereitung • 20 Minuten + 4 Stunden Kühlzeit

*Mit Gurke statt
Wassermelone, Olivenöl
statt Orangensaft und etwas
Salz wird aus dem Dessert
ein erfrischender
Sommersalat.*

Melonensalat mit Zitronenmelisse

Für 4 Personen

1	Honigmelone
1	Cantaloup-Melone (alternativ Galia- oder Netzmelone)
¼	Wassermelone
1	Zitrone
2	Orangen
1–2 EL	Honig
3 Stängel	Zitronenmelisse

Die Melonen (bis auf die Wassermelone) aufschneiden und die Kerne mit einem Löffel entfernen. Das Fruchtfleisch mit einem Kugelausstecher zu Kugeln formen.

Die Zitrone und die Orangen auspressen. In einer Schüssel den Saft mit dem Honig mischen. Die Melonenkugeln hineingeben und abgedeckt 20 Minuten kalt stellen.

Kurz vor dem Servieren die Wassermelonenkugeln ausstechen und zufügen. Die Melisseblättchen abzupfen und fein schneiden. Marinierte Melonenkugeln mit den Kräuterblättchen anrichten.

Zubereitung • 30 Minuten + 20 Minuten Kühlzeit   **Küchentipp** • Das nach dem Ausstechen übrig gebliebene Fruchtfleisch kann für ein Sorbet oder einen Cocktail verwendet werden.

Apfel-Ricotta-Tartes mit Thymianhonig

Für 4 Personen

2 Lagen	Blätterteig (ca. 200 g)
150 g	Ricotta
40 g	Mandelblättchen
2	Äpfel
½	Zitrone
2 EL	Thymianblättchen
40 g	Honig

Den Backofen auf 190 °C vorheizen. Blätterteiglagen halbieren, mit dem Ricotta bestreichen und mit den Mandeln bestreuen.

Die ½ Zitrone auspressen. Die Äpfel halbieren, vom Kernhaus befreien und in Scheiben schneiden. Mit dem Zitronensaft beträufeln. Den Ricotta mit den Apfelscheiben belegen. Den Thymian mit dem Honig verrühren und über die Äpfel träufeln.

Im Ofen 15–20 Minuten backen, bis der Blätterteig aufgeht und appetitlich gebräunt ist.

Vorbereitung • 15 Minuten   **Zubereitung** • 15 Minuten   **Küchentipp** • Zur Variante mit Birnen passen grob gehackte Walnüsse und Rosmarinnadeln.

Rosmarin-Panna-Cotta mit Himbeeren

Für 4 Gläser à 125 ml

250 g	Sahne
125 ml	Milch
1 Zweig	Rosmarin
2 TL	gemahlene Gelatine
60 g	Puderzucker
1	Bio-Zitrone
200 g	Naturjoghurt
	Himbeeren zum Servieren

Sahne, Milch und den Rosmarinzweig in einem kleinen Topf bei kleiner Hitze 5–6 Minuten köcheln lassen. Die Gelatine mit 2 EL Wasser mischen und 5 Minuten quellen lassen.

Die Sahnemischung von Herd nehmen, den Rosmarin entfernen, den Puderzucker durch ein Sieb in den Topf streichen und so lange rühren, bis er sich aufgelöst hat. Etwas Zitronenschale abreiben und die Zitrone pressen. Die aufgelöste Gelatine mit der Zitronenschale und 1 TL Zitronensaft zur Sahnemischung geben und rühren, bis alles gut vermischt ist. Zuletzt den Joghurt einrühren.

Die Masse auf 4 Gläser verteilen und 4 Stunden im Kühlschrank fest werden lassen. Mit den Himbeeren servieren.

Zubereitung • 15 Minuten + Kühlzeit   **Zubereitung** • 10 Minuten   **Küchentipp** • Wer experimentierfreudig ist, probiert Estragon-Panna-Cotta mit Erdbeeren, Eisenkraut-Panna-Cotta mit Pfirsichen oder salzige Basilikum-Panna-Cotta zu Tomatenconfit.

Beerengrütze mit Minzsahne

Für 4–6 Personen

500 g	rote Johannisbeeren
250 g	Erdbeeren
250 g	Sauerkirschen, entsteint
100 g	Brombeeren oder Blaubeeren
175 g	Zucker
3 EL	Speisestärke
100 ml	Weißwein oder Saft
250 g	Himbeeren
5 Stängel	Minze
200 g	Sahne

Johannisbeeren, Erdbeeren, Sauerkirschen und Brombeeren oder Blaubeeren in einem Topf mit dem Zucker mischen und 30 Minuten Saft ziehen lassen.

Die Speisestärke im Weißwein oder Saft verrühren und zum Beerenobst geben. Himbeeren zufügen, aufkochen lassen, dann den Topf vom Herd nehmen.

Rote Grütze auf Portionsschalen verteilen und abkühlen lassen. Die Minzblätter abzupfen und sehr fein hacken. Die Sahne steif schlagen, dann die Minze unterrühren.

Vorbereitung • 15 Minuten + 30 Minuten Ziehzeit   **Zubereitung** • 10 Minuten   **Küchentipp** • Bei mehr Zeit: Sahne mit den ganzen Minzzweigen erhitzen (aber nicht zum Kochen bringen), dann abkühlen lassen und für ein paar Stunden in den Kühlschrank stellen.

Zitronengras-Crème-Brûlée

Für 4 Personen

3 Stängel	Zitronengras
1	Vanilleschote
125 ml	Milch
400 g	Sahne
50 g	Zucker
4	Eigelb
1 TL	Speisestärke
5–6 EL	brauner Zucker

Die Zitronengrasstängel mit einem flachen Messer leicht andrücken. Die Vanilleschote aufschlitzen und das Mark herauskratzen. Beides zusammen mit Milch, Sahne und Zucker in einem Topf erhitzen. Den Herd ausschalten und die Mischung mindestens 30 Minuten durchziehen lassen.

Den Backofen auf 90 °C vorheizen. Das Zitronengras aus dem Topf entfernen. Die Sahnemischung nochmals leicht erhitzen, aber nicht aufkochen lassen. Die Eigelbe und 1 TL Speisestärke gründlich unterrühren.

Die Mischung auf ofenfeste Förmchen verteilen. 40–60 Minuten (je nach Form) im Ofen garen.

Die Creme anschließend mindestens 4 Stunden kühl stellen. Vor dem Servieren mit dem braunen Zucker bestreuen und diesen entweder mit dem Bunsenbrenner oder unter den Grillschlangen im Backofen karamellisieren.

Vorbereitung • 15 Minuten + 30 Minuten Ziehzeit   **Zubereitung** • 40–60 Minuten
Küchentipp • Crème brûlée kann auch mit Rosmarin oder Lavendel aromatisiert werden, aber Vorsicht bei der Dosierung.

Ausgebackene Holunderblüten

Für 4 Personen

2	Eier
250 g	Weizenmehl
250 ml	Weißwein
½ TL	Backpulver
	Salz
	Öl zum Ausbacken
12	Holunderblüten
3 EL	Puderzucker

Die Eier trennen und die Eiweiße steif schlagen. Mehl, Weißwein, Backpulver, Eigelbe und Salz zu einem glatten Teig verrühren. Den Eischnee unterheben.

Das Öl erhitzen. Die Holunderblüten schütteln, am Stiel anfassen, in den Teig tauchen und im Öl in 5 Minuten goldbraun backen. Mit Puderzucker bestäuben.

Vorbereitung • 30 Minuten   **Zubereitung** • 5 Minuten   **Küchentipp** • Probieren Sie dieses Rezept auch einmal mit Rosen- oder Veilchenblüten.

Waldmeister-Granité

Für 4 Personen

1 Bund	Waldmeister
1	Bio-Limette
100 g	Zucker
200 ml	Sekt
	Blütenblätter zum Garnieren

Den Waldmeister mit Küchengarn zusammenbinden. Die Schale der Limette abreiben, dann den Saft auspressen. 250 ml Wasser und den Zucker in einem Topf aufkochen und rühren, bis sich der Zucker aufgelöst hat. Den Topf vom Herd nehmen, den Waldmeister in den Sud hängen (die Stiele sollten die Flüssigkeit nicht berühren), die Limettenschale zufügen und alles 20 Minuten ziehen lassen.

Den Sud durch ein Sieb abseihen, mit Limettensaft und Sekt mischen. Den Sirup in eine flache Form gießen und 4–5 Stunden im Tiefkühlgerät gefrieren lassen. Jede halbe Stunde mit einem Teigspachtel oder einer Gabel die sich am Rand der Form bildenden Eiskristalle zur Mitte schaben. Die Kristalle sollten locker auseinanderfallen – dann ist das Granité gelungen.

Granité in Gläser füllen, mit Blütenblättern garnieren und sofort servieren.

Zubereitung • 40 Minuten + 4 Stunden Kühlzeit   **Küchentipp** • Mit reichlich Minzeblättchen kann man auf die gleiche Art und Weise ein Minz-Granité herstellen.

Küchenpraxis

Augen auf beim Einkauf

Die gängigen Kräuter gibt es heute überall zu kaufen – auch in kleinen Töpfen, die ein paar Tage auf jeder Fensterbank überstehen und uns immer frisch versorgen können. Wer ausgefalleneres Grünzeug braucht, kann sich auf großen Märkten oder bei spezialisierten Gärtnereien versorgen. Auch Hofläden und Bio-Lieferdienste haben oft ein gutes Angebot. Im Internet kann man inzwischen ebenfalls Kräuter bestellen. Die dortigen Anbieter liefern meist in kleinen Töpfen oder Anzuchtschalen.

Eigenanbau für Kräuterfans

Wer einen grünen Daumen und einen Garten oder Balkon hat, zieht sich seine Lieblingskräuter am besten selbst. Das ist gar nicht so schwierig, wenn man sich beim Gärtner Pflanzen für die Töpfe kauft. Die Anzucht aus Samen ist – von Kresse abgesehen – eher etwas für Spezialisten. Der Gärtner gibt auch Ratschläge, welche Pflanzen auf dem jeweiligen Balkon oder Gartengrund gedeihen werden, denn die Ansprüche an Feuchtigkeit, Wärme und Boden sind sehr unterschiedlich.

Handwerkszeug

Puristen brauchen für die Kräuterküche nur ein möglichst großes Schneidebrett und ein schweres großes Messer. Aber schon bei der Wahl des Schneidebretts lohnen sich ein paar Gedanken, bevor man sich für ein Material entscheidet. Für Holz spricht, dass die Kräuter beim Schneiden und Hacken darauf nicht so herumrutschen, vor allem, wenn sie noch leicht feucht sind. Kunststoff ist hygienischer, da leichter sauber zu halten. Wichtig ist auch die Größe – die Kräuter sollten beim Hacken gut darauf Platz haben und sich nicht über die gesamte Arbeitsfläche verteilen. Das richtige Messer ist groß, schwer und hat eine breite Klinge. Wer viel hackt, sollte über die Anschaffung eines Wiegemessers nachdenken, mit dem sich Kräuter besonders fein zerkleinern lassen. Wiegemesser gibt es in verschiedenen Größen und mit einer oder zwei Klingen. Köche mit wenig Zeit (oder Lust) zum Hacken können auf einen elektrischen Zerkleinerer zurückgreifen. Bei Kauf sollte man jedoch auf leichtes Reinigen Wert legen, sonst ist die beim Hacken gewonnene Zeit schnell wieder dahin.

Kräuter verarbeiten

Kräuter vorsichtig waschen und nie in Wasser liegen lassen: Sie laugen schnell aus. Am besten nur kurz unter fließendem Wasser abspülen, trocken tupfen und sofort zerkleinern. Blättchen für Salat zupft man zuerst ab, wäscht sie dann und schleudert sie vorsichtig trocken. Die empfindlichen Aromen zerkleinerter Kräuter verfliegen rasch, deswegen immer erst kurz vor dem Verwenden klein schneiden oder hacken.

Kräuter aufbewahren

Aufbewahren: Kräutersträußchen halten sich am längsten in einer Plastiktüte oder einer luftdicht verschließbaren Dose am kältesten Platz im Kühlschrank (Gemüsefach oder Null-Grad-Zone).

Einfrieren: Gehackte Kräuter kann man problemlos in Tütchen oder kleinen Dosen einfrieren. Sie können dann portionsweise entnommen und in gefrorenem Zustand über die Speisen gestreut werden. Weil sie so fein sind, tauen sie schnell auf. Man kann sie auch mit etwas Wasser in einen Eiswürfelbehälter geben und hat dann gleich die richtige Portion parat. Eingefrorene Kräuter halten sich 3–6 Monate.

Trocknen: Kräuter von Stauden mit dicken Blättern und harzigen Stängeln, wie z.B. Thymian, Bohnenkraut, Lorbeer oder Rosmarin können gut getrocknet werden, ohne allzu viel Aroma einzubüßen. Dazu kann man sie entweder in kleinen Sträußen aufhängen oder dünn auf Backpapier auslegen. Der optimale Kräutertrockenplatz ist trocken, schattig und sehr gut belüftet. Sind sie ganz trocken, knistern die Kräuter beim Anfassen und die Blätter lassen sich zwischen den Fingern zerreiben. Das dauert 4–5 Tage. In einer luftdicht verschließbaren Dose möglichst kühl und dunkel aufbewahren.

Wer keinen guten Trockenplatz hat, kann die Kräuter bei 50 °C Ober-/Unterhitze auf der mittleren Schiene im Backofen trocknen. Dazu werden die Kräuter zuvor dünn auf einem mit Backpapier ausgelegten Backblech verteilt.

Rezeptverzeichnis

Register nach Kräutern

Christel Rosenfeld stammt aus Hamburg, wo sie Textildesign, Fotografie und freie Malerei studierte. Insbesondere die Kräuter-, Obst und Gemüsestillleben der renommierten Fotografin und ihre aufwendig inszenierten Blumenarrangements haben zahllose Fans. Einen großen Teil der abgebildeten Früchte, Gemüse und Blumen zieht sie im eigenen Garten.

Tanja Bischof und Harry Bischof haben sich auf Foodfotografie spezialisiert und arbeiten auf dem eigenen Bauernhof im bayrischen Rottal. Tanja ist gelernte Köchin mit Erfahrung in Gourmet- und Sterneküche, Harry hat sich bereits als Jugendlicher der Lebensmittelfotografie gewidmet. Als Team – beide kochen, richten an und fotografieren – arbeiten sie für Foodmagazine, Kochbuchverlage und Werbung. www.studio-leveque.de

DORLING KINDERSLEY
London, New York, Melbourne, München und Delhi

Bibliografische Information Der Deutschen Bibliothek
Die Deutsche Bibliothek verzeichnet diese Publikation in der Deutschen Nationalbibliografie;
detaillierte bibliografische Daten sind im Internet über http://dnb.ddb.de abrufbar.

Fotografie Christel Rosenfeld
Foodfotografie S. 20, 24, 25, 36, 37, 38, 39, 44, 45, 52, 66, 70, 71, 72, 73, 74, 80, 84, 85, 87, 88, 94, 100, 114, 116, 121, 122, 123, 126, 130, 134, 135, 138, 142, 143, 147, 150, 155, 156, 157, 158, 162, 168, 174, 176: Tanja und Harry Bischof, Egglham
Texte Claudia Krader, München (S. 5ff., 30, 41, 132, 149, 186f.)
Gestaltung, Typografie, Illustration, Realisation Silke Klemt, Fürth
Repro Medienservice Farbsatz, Neuried

Für den Dorling Kindersley Verlag
Programmleitung Monika Schlitzer
Projektbetreuung Gabriele Kalmbach
Herstellungsleitung Dorothee Whittaker
Herstellung Anna Ponton

ISBN 978-3-8310-2356-1

Druck und Bindung Firmengruppe Appl, aprinta Druck, Wemding

Besuchen Sie uns im Internet
www.dorlingkindersley.de